汇添富·世界资本经典译丛

八 爪 鱼
军工复合体的霸之恶

詹姆斯·莱德贝特 著
(James Ledbetter)

汪堂峰 译

上海财经大学出版社
上海学术·经济学出版中心

图书在版编目(CIP)数据

八爪鱼:军工复合体的霸之恶 / (美) 詹姆斯·莱德贝特 (James Ledbetter) 著;汪堂峰译. -- 上海:上海财经大学出版社,2025.6. -- (汇添富·世界资本经典译丛). -- ISBN 978-7-5642-4218-3

Ⅰ.F116.7

中国国家版本馆 CIP 数据核字第 20250UJ834 号

□ 责任编辑 胡 芸
□ 封面设计 贺加贝

八 爪 鱼
军工复合体的霸之恶

詹姆斯·莱德贝特 著
(James Ledbetter)
汪堂峰 译

上海财经大学出版社出版发行
(上海市中山北一路 369 号 邮编 200083)
网 址:http://www.sufep.com
电子邮箱:webmaster@sufep.com
全国新华书店经销
上海叶大印务发展有限公司印刷装订
2025 年 6 月第 1 版 2025 年 6 月第 1 次印刷

787mm×1092mm 1/16 8.75 印张(插页:2) 143 千字
定价:55.00 元

图字:09-2023-0869 号

Unwarranted Influence

Dwight D. Eisenhower and the Military-Industrial Complex

James Ledbetter

© 2011 by James Ledbetter.

All Rights Reserved. This book may not be reproduced, in whole or in part, including illustrations, in any form (beyond that copying permitted by Sections 107 and 108 of the U.S. Copyright Law and except by reviewers for the public press), without written permission from the publishers.

Originally published by Yale University Press.

CHINESE SIMPLIFIED language edition published by SHANGHAI UNIVERSITY OF FINANCE AND ECONOMICS PRESS, Copyright © 2025.

2025年中文版专有出版权属上海财经大学出版社

版权所有　翻版必究

总　序

书犹药也,善读之可以医愚。投资行业从不乏聪敏之人,但是增智开慧乃至明心见性才是成长为优秀投资人的不二法门,读书无疑是学习提升的最佳方式。

常有人说投资是终身职业,但我认为投资更需要终身学习。很多人投资入门多年,依然不得其道;终日逡巡于"牛拉车不动,是打车还是打牛"的困境,不得要领。从业多年,我接触过太多这样的投资人士,个中缘由不尽相同,但有一点却非常普遍:或是长期疏于学习,或是踏入"学而不思则罔"的陷阱。

我认为,学习大致有三个层次,亦是三重境界:

第一重是增加知识,拓展基础的能力圈。着眼点是扩大个人对于客观世界的认知积累,这是大多数人的学习常态,这一重固然重要却不是学习的本质。

第二重是提高逻辑,改进个人的认知框架。达到这一境界,已经可以将刻板知识灵活运用,但仍然仅可解释过去却无法指向未来。

第三重是强化洞见,思考从个人出发,无视繁复的信息噪声干扰,穿透过去、现在和未来,最终开始正确地指导现实世界。在这一境界,学习已不只是追求知识,更是追求"知识的知识"。这是无数积累之后的茅塞顿开,更是质量互变之际的醍醐灌顶,不断思考感悟尤为重要。

书籍浩如烟海,书中智慧灿若繁星,而若能由自己抽丝剥茧得到"知识的知识",将会终身受益。二十多年前,我还是一名上海财经大学的普通学生,对投资有着浓厚的兴趣,可惜国内的投资业刚刚起步,相关资料远没有今天互联网时代这样发达,此时财大的图书馆像是一个巨大的宝库,收藏着大量有关投资的英文原版书籍。我一头扎进了书丛,如饥似渴地阅读了许多经典,通过这一扇扇大门,我对西方资本市场发展窥斑见豹,其中提炼出的有关投资理念、流程、方法的内容潜移默化地影响并塑造了日后的我。时至今日,常有关心汇添富的朋友问起,为什么根植于国内市场的汇添富,投资原则和方法与外资机构如此类似?我想多少应该与我当年的这段经历有关。

今天,我依然非常感恩这段时光,也深深地明白:那些看过的书、走过的路对一个人的人生轨迹会产生多大的影响,特别是在以人才为核心的基金投资行业。今年恰逢中国基金行业二十周年,二十年斗转星移,正是各路英杰风雨兼程、夙兴夜寐才有了今天的局面,汇添富基金是见证者,也有幸参与其中。这些年,我总试图在汇添富重现当年我学生时的氛围,鼓励同事们有空多读书、读好书、好读书。在此,奉上"汇添富·世界资本经典译丛"以飨读者,希望大家能够如当年懵懂的我一般幸运:无论外界如何变化,我们都可以不断提升进化自己。

是以为序。

张　晖

汇添富基金管理股份有限公司总经理

2018 年 12 月

致 谢

本书能够问世,乔纳森·布伦特(Jonathan Brent)厥功至伟。乔纳森曾任耶鲁大学出版社的编辑部主任,现在是伊沃犹太研究所(YIVO Institute for Jewish Research)常务董事兼首席执行官。在一次愉快的午餐会上,乔纳森不仅意会到这个话题如何值得写本书,而且提出了一些深刻的见解,这些见解调整了我的研究与写作路径。接替他在耶鲁大学出版社位置的威廉·弗鲁希特(William Frucht)对书稿进行了精心的、训练有素的编辑,让本书不像原来那样充满了学术味。制作编辑杰克·博雷巴赫(Jack Borrebach)在帮助整理文稿和送交印刷方面,发挥了重要作用。

艾米·坦纳里(Amy Tennery)向我讲述了她跟踪报道的一些技巧,这些技巧对我的相关研究大有助益。莎拉·E. 贝恩特(Sara E. Berndt)在相当紧迫的时间内给我提供了一份至关重要的文件。马克·吉梅因(Mark Gimein)抽出宝贵的时间通读了整部书稿,并提出了至关重要的批评和建议。斯蒂芬·赫斯(Stephen Hess)和查尔斯·格里芬(Charles Griffin)亲切地分享了他们的回忆和真知灼见。

感谢我的作品经纪人克里斯·卡尔霍恩(Chris Calhoun)。卡尔霍恩为我尽心尽力、忙前忙后,尤其是衷心感谢他建议我为耶鲁大学的"美国画像"系列(Icons of America Series)想点子。从最初的集思广益到其后的研究,再到最后的出版,项目的整个过程都令我大有收获。艾森豪威尔总统图书馆(Eisenhower Presidential Library)全体工作人员都非常友好、乐于助人,本书更是特别受益于詹姆斯·W. 莱耶扎普夫(James W. Leyerzapf)的帮助和指点。此外,我还一直得到哥伦比亚大学口述历史研究室(Oral History Research Office)工作人员、加州大学洛杉矶分校查尔斯·杨图书馆(Charles Young Library)特藏室工作人员的大力支持,尤其是纽约公共图书馆(New York Public Library)始终如一的鼎力相助。

尤其感谢我的妻子艾琳·巴克兰(Erinn Bucklan),她的热情与鼓励让我的写作更加丰富、深入,她在这方面带给我相当大的帮助。

目 录

第一章　寻踪霸之恶/1

第二章　认知源头/10
　　死亡贩子论/12
　　战争经济论/17
　　兵营国家论/23
　　对技术官僚精英的恐惧/25

第三章　战争、和平与艾森豪威尔/28
　　意外从军后的军旅生涯/29
　　"我们将让国家倾家荡产"/32
　　收支平衡及财政预算/35
　　新面貌/37
　　和平的机会/40
　　一场和平运动的诞生/44

第四章　艾森豪威尔充满争吵的第二个任期/47
　　"一颗小球"/52
　　"不光彩的角色"/54

"无动于衷的骄傲自满"/60

第五章　演讲/64
"我有话要说"/66
他究竟想表达什么意思？/71
最初的反应/77

第六章　诠释与增饰/79
"麦克纳马拉已经意识到这个问题"/80
"没有完整的公民身份"/85
旋转门/87
"哪怕是被动参与,也绝不能去做!"/90
"他们害怕遭到报复"/95

第七章　怒势汹汹/98
威廉·普罗克斯迈尔的崛起/100
机构化的愤怒/103
转型还是融合？/106
日益密切的关系/109
霍尼韦尔专项行动/111

第八章　"艾森豪威尔的棺材板压不住了"/114
军费开支的真实成本/119
"世界和平与人类福祉"/124

附录　艾森豪威尔告别演说/128

第一章　寻踪霸之恶

有人说,德怀特·戴维·艾森豪威尔(Dwight David Eisenhower)的任何一次演讲——尤其是他晚年的那一次——都应该被铭记。这种说法颇令人诧异,需要打个问号。艾森豪威尔是世界知名的军事将领、常春藤联盟(Ivy League)大学的校长、百战不败的政治家,甚至还是一位畅销书作家,但他并不是一位伟大的演说家。特别是1955年心脏病发作和1957年中风之后,在大家眼里,艾森豪威尔就公共问题发表讲话时,往往东拉西扯、含糊不清,在没有提示的情况下,更是如此。在新闻发布会上回答记者的提问时,他常常话只说一半,然后就没有下文;有些话则是出于纯粹的胡扯,完全不合逻辑。虽然有些人认为他这么做是出于一种策略,但他演讲时的那种笨拙,显然在很大程度上超出了他的控制范围。他曾向一位幕僚解释中风带来的后果:"把大脑中合适的词语带到嘴边来表达你的想法的那根神经无法正常工作了。有时候,一个完全不恰当的词就从你嘴里冒了出来。"[1]

我并不是说艾森豪威尔没有发表过重要的甚至是伟大的演讲。就在1952年大选日前几天,他用一句简洁、果断(而又巧妙模糊)的话精辟地概括了他在外

---

〔1〕根据罗伯特·施莱辛格《白宫捉刀手》的讲述,这话是艾森豪威尔对C. D. 杰克逊说的,参见 Robert Schlesinger, *White House Ghosts*: *Presidents and Their Speechwriters from FDR to George W. Bush* (New York: Simon and Schuster, 2008), p. 94。

交政策上的权威看法和前任的不作为："我要去朝鲜。"1953年约瑟夫·斯大林（Joseph Stalin）逝世后，他随即发表了一场题为《和平的机会》（Chance for Peace）的演讲。该场演讲传递的信息极为丰富，在全世界产生了巨大影响。即便如很多人坚持认为的那样，该场演讲的目的主要在于宣传，但其仍然是迄今就核军备竞赛的荒谬和代价所作的影响最为深远的论证之一。1953年还有一场通常被称为《原子能为和平服务》（Atoms for Peace）的演讲。这场演讲充分体现了语言艺术，其中包含了有关美国冷战战略的多方面信息，已经得到了人们仔细、深入的研究。[1]

艾森豪威尔只有一场演讲，即1961年离开白宫前的演讲，赢得了公众的永恒记忆。像任何重要讲话一样，这场演讲也包含了丰富的信息和各种微妙的细节，但其声名就建立在一句话上："在政府各部门，我们都必须警惕军工复合体（military-industrial complex）[2]获得不正当的影响力，不管这种影响力是来自它有意的追求，抑或只是其无意中所得。"

这么一句相当忧郁的话，竟包含了一个在美国公共生活中叱咤风云二十多年的人物被引用得最多的字眼，这究竟是怎么一回事呢？这种简约历史——有些人会说是删节历史——的情况之所以引人注目，有着诸多方面的原因。

首先，史学工作者之外的人士，在想到总统们那些令人难忘的话时，很少能想到总统卸任时说过些什么。这其中有一个最为引人注目的例外，那就是华盛顿的告别演说。那场演说就像老师教导学生一样，告诫美国不要同任何国家建立永久同盟。但大多数容易被人回忆起的总统演讲，都不是从卸任总统这件事上，而是从其他情形当中汲取力量的。林肯（Lincoln）的葛底斯堡演讲（Gettysburg Address）和富兰克林·罗斯福（Franklin Delano Roosevelt）要求国会采取行动的"同命运有约"（rendezvous with destiny）[3]之所以令人难忘，在很大程度上是因为它们体现了两位的战时领导力。约翰·F.肯尼迪（John F. Kennedy）在

---

[1] 参见 Ira Chernus, *Eisenhower's Atoms for Peace* (College Station：Texas A&M University Press, 2002)。

[2] 本书除个别地方因表述需要保留"军事—工业复合体"这一标准用法外，其余各处均按照约定俗成的惯例，将"军事—工业复合体"简称为"军工复合体"。需要说明的是，译者对将"军事—工业复合体"简称为"军工复合体"持保留态度。——译者注

[3] 富兰克林·罗斯福1936年获得民主党总统候选人提名时的演讲中出现的短语。——译者注

第一章
寻踪霸之恶

就职典礼上的讲话,强烈建议美国人"不要问国家能为你做什么,而要问你能为国家做什么",从而为劝诫性演讲设定了高标准、树立了高目标。有关吉米·卡特(Jimmy Carter)的"萎靡不振"演讲[1],以及罗纳德·里根(Ronald Reagan)在勃兰登堡门前(Brandenburg Gate)要求"戈尔巴乔夫(Gorbachev)先生,推倒这堵墙"[2],目前已经有专门的书籍出版。[3]

为什么大多数令人难忘的总统演讲不是告别演说?这是有原因的:其一,没有规定总统结束任期时必须发表正式讲话,因而很少有总统这么做;其二,大多数连任两届的总统在离任时都显得筋疲力尽,他们同国会和媒体之间的关系极其紧张,甚至到了水火不容的地步,因而其临别之际的感想更有可能被攻击得体无完肤,而不会被珍藏在记忆深处。

其次,从个人角度看,率先对"军工复合体"发出警告的这位,肯定是该复合体内的一位主要人物,无论是具有讽刺意味也好,还是自相矛盾也好,抑或是出于伪善也罢,不管如何界定,情况都是这样。这不仅因为他几乎所有的成年时光是在美国军队和政府中度过的(在两个方面都做到了可以企及的最高位置),还因为在他担任总统的8年时间里,美国核武器急剧增加——这是让军工复合体的影响如此可怕的其中一个休戚相关之处。到艾森豪威尔发表告别演说时,美国的核武储备已经从1952年的大约1 000枚核弹头增加到23 000枚左右。在许多观察家看来,核军备这种幅度的扩张,表明在艾森豪威尔担任总统期间,军工复合体至少对公共政策产生了一定的影响。这就引出了一个问题,即他究竟是在什么时候断定需要提防军工复合体的?

这便引出了第三个值得注意的方面,同时也是一个明显矛盾的地方:有充分的证据表明,艾森豪威尔本人并没有创造"军工复合体"这个术语。事实上,在艾森豪威尔的告别演说中,没有一个主题是由总统直接提出的,这些主题都是由他手下起草演讲稿的写作班子讨论产生的。这种职责分离是现代总统任职的典型

---

[1] 吉米·卡特于1979年7月14日的题为《信心危机》(Crisis of Confidence)的演讲,详细阐述了美国当时普遍存在的信心危机。卡特呼吁从解决能源短缺问题入手,逐步恢复美国人的信心,以解决美国萎靡不振的局面。这次演讲后来被人们称为"萎靡不振"演讲。——译者注

[2] 罗纳德·里根于1987年6月12日在德国柏林的勃兰登堡门前发表的演讲。——译者注

[3] Kevin Mattson, *What the Heck Are You Up To, Mr. President: Jimmy Carter, America's "Malaise", and the Speech that Should Have Changed the Country* (New York, Bloomsbury, 2009); Romesh Ratnesar, *Tear Down This Wall: A City, a President, and the Speech that Ended the Cold War* (New York: Simon and Schuster, 2009).

特征，而艾森豪威尔的幕僚们又一再坚称，除非艾森豪威尔亲自反复审阅和修改文本，并接受其中的看法，将这些看法变成自己的观点；否则，他绝不会发表任何重要讲话。尽管如此，但一个词组、一个时刻和一个演讲者竟然都成为标志性的符号，而实际作者却默默无闻，这也算是历史上颇为罕见而有趣的事。

但上面那句话所包含的所有谜团中，最诱人的是，要想知道总统到底在说什么，几乎是不可能的事。自艾森豪威尔说出那番预言性的话以来，在这半个世纪里，军工复合体概念已经成为一幅修辞学上的罗氏墨迹（Rorschach blot）图——含义因观看这幅"墨迹图"的人而定。〔1〕该短语的效用，也即其吸引大众的来源，是以牺牲人们普遍接受的、精确的定义为代价的。正如历史学家亚历克斯·罗兰（Alex Roland）在2007年的一篇文章中简明扼要地指出的那样，军工复合体"既是一种历史现象，也是一种政治转义"〔2〕。既然是转义，按照界定，其含义就会不断地发生转换，而军事—工业复合体[根据约定俗成的惯例，本书（指英文版）将military-industrial complex缩写成MIC]也的确就像万花筒一样，并没有一个稳定的含义，而是千变万化。即使罗兰这句话用的是过去时态，但依旧可以从中看出，那种认为军工复合体已经成为历史的看法，远未获得人们的普遍认同。世上没有军工复合体的真身，却有许多军工复合体——它们都不是由德怀特·D.艾森豪威尔定义的，而是由其他人界定的。

然而，通过总结后艾森豪威尔时代的各种用法，我们还是可以大致将军工复合体定义为把追求利润同规划与实施国家战略政策结合在一起的某些公私力量联合结成的一张网络。一般认为，私营军事承包商和联邦政府之间的重叠处，除了军队本身之外，还包括行政部门（国防部订立采购合同和任命军事承包商担任政府职务）和立法部门（军事承包商的院外游说、竞选捐款以及国会议员力图保住和扩大让自己所在选区获益的军费开支）领域。尽管人们注意到，当联邦政府

─────────

〔1〕 罗氏墨迹（Rorschach blot），是指罗氏墨迹测验（Rorschach ink-blot test）中印在纸上的墨迹。罗氏墨迹测验又称罗夏克墨迹测验，简称RIBT，由瑞士精神病学家赫尔曼·罗夏克（Hermann Rorschach, 1884—1922）提出。罗夏克的做法是，把墨水洒在白纸上，然后对折，从而沿对折线形成一幅对称的墨迹图。罗夏克根据某些条件，从中选出10张模棱两可的墨迹图，然后让测验对象根据图形展开自由联想（包括任何局部和随意旋转），想到什么说什么，由此捕捉测验对象的内心世界。——译者注

〔2〕 Alex Roland, "The Military-Industrial Complex: Lobby and Trope", in *The Long War: A New History of U.S. National Security Policy Since World War* II (New York: Columbia University Press, 2007), pp.335—370.

援用国家安全作为行动依据时,法官不愿意做出不利于联邦政府的裁决,但很少有人认为军工复合体对司法机构实施了有效控制。

可以说,"军工复合体"一词几乎总是被用作贬义(即使其最为人熟知的用法按理是中性的,因为艾森豪威尔警告的不是军工复合体本身,而是它的"不正当影响")。对军工复合体的指控涉及许多条罪状,任何一位批评人士都可能在不同程度上同意所有这些指控。其中,最醒目的罪状包括:

军工复合体造成了军费开支的浪费。这一指控似乎与艾森豪威尔的关注点相一致。无论是在他的告别演说中,还是在他的整个职业生涯里,艾森豪威尔都特别关心这个问题。几十年来,批评者一直都在指责说,尽管没有军事需要,但整个武器系统一直在以巨大的代价维持运转,之所以如此,主要是因为(甚至完全是因为),整个武器系统是为某些特定的承包商或国会中举足轻重的议员的利益服务的。比如,绰号为"重生轰炸机"(the born-again bomber)的 B-1 轰炸机,尽管成本超支巨大、军事需求可疑,并且性能不足,但该项目在最初提出 30 年后,仍设法投入生产。即便吉米·卡特 1977 年决定取消 B-1 项目,也不足以将其永久束之高阁,有些人由此(并非首次)得出结论,军工复合体的权力已经超过了美国总统。[1]

军工复合体霸占了用于社会需要的开支。这一指控与前项指控密切相关:军工复合体总是想方设法划拨政府资金来满足自己的需求,既不考虑成本,也不考虑其必要与否。如此一来,美国那些紧迫的社会问题,如贫困、文盲、婴儿的死亡以及住得起的房屋的短缺等,似乎总是缺乏资金。这一观点尽管在艾森豪威尔的告别演说中并不明确,但与他 1953 年的《和平的机会》演讲是一致的。

军工复合体扭曲了美国经济。这种担忧也直接源于艾森豪威尔的告别演说:"我们不可能做到既透支我们子孙后代的物质财富,又不致亏蚀他们日后将要继承的政治和精神遗产。我们要让民主世代相传,不要让其成为令未来资不抵债的吸血幽灵。"在这里,艾森豪威尔具体关注的是军费开支及其可能导致的危险的债务问题;后来的批评者则提出了经济上的更大担忧,认为军工复合体扭

---

[1] B-1 轰炸机项目的最初设想始于 1962 年。1974 年,第一架原型机正式出厂;1976 年底,福特总统批准量产。1977 年,卡特总统上台后不久,即取消了该项目。1979 年底,B-1 项目又被美空军提上日程,并获国防部支持,更名为 B-1B。里根总统上台后,立即重新启动该项目。因此,B-1 轰炸机有绰号"重生轰炸机"之称。——译者注

曲了美元的价值，扭曲了美国的贸易总量和贸易品类，扭曲了制造业的岗位类型和工作地点，扭曲了飞机、卫星和电信等军事技术的民用市场。

尽管军工复合体明显违背了纯资本主义经济观，但那些鼓吹自由市场具有种种美德的人，却很少把军费开支和军队的影响作为攻击的靶子。至少自里根时代以来，美国的经济保守派大体上接受了这种看法，即虽然自由市场的重要性作为一种意识形态容不得玷污，但这种意识形态任何一个方面的纯洁性都没有军费开支——有时被其他人士讥讽为"五角大楼资本主义"——来得重要。[1]这就使得军工复合体成为美国一种惹人注目的反常现象：战后美国政治制度对军事领域私营企业与公共财政掺混的容许度，远远高于其他绝大多数领域（比如产业政策、福利、社会化医疗或者政府对大众媒体的直接资助——这些都是许多西方民主国家相对没有争议的特色）。事实上，一些影响更为深远的批评者已经把军工复合体描述成一种比其他任何方式都能更有效、更顺畅地将巨额财富转移到美国经济精英手中的方法。

军工复合体在美国社会中已经制度化，对军队有着举足轻重的影响，甚至在和平年代也不例外。 在发表告别演说之前，艾森豪威尔和他的顾问仔细研究了乔治·华盛顿的告别演说。众所周知，那场演说中有一句闻名遐迩的规劝，告诫美国人"避开与外界任何部分结成永久同盟"。其实，在那场演说中，华盛顿对他的同胞还有一条不那么为人所知但同样急迫的劝诫："尽量做到不必拥有过分庞大的军事机构，因为庞大的军事机构在任何形式的政府里，对自由来说均非吉兆，对共和主义自由更是充满敌意。"虽然艾森豪威尔是一个实用主义者，完全坚信美国作为一个超级军事大国在现代发挥的作用，但他还是对自华盛顿时代以来美国军队已经变得如此庞大、如此遍布全球和如此稳定持久深有感触，对这种情况可能带来的影响深感忧虑。随着越南战争不断升级，诸如征兵、大学校园军事训练以及军事承包商把触角伸入平民生活领域等各项制度与做法，都会引起许多美国人和他一样的担忧。

军工复合体创造并延伸了保密文化。 艾森豪威尔聚焦于科学、技术和大学研究，显然是想警告国民，军工复合体——尽管他用的是相对温和的语气——要

---

〔1〕 这一概括也有例外，特别是默里·魏登鲍姆（Murray Weidenbaum）及许多主张自由意志论的批评家，这些人反对军工复合体的过度行为，将其视为他们更广阔的批评对象——大政府——的一部分。

求基础研究严格执行保密规定,会扭曲知识探索的本质。20世纪50年代后期和60年代,在美国大学的研究中,联邦政府资助的研究不断膨胀,其中,军事优先项目通常一马当先。在批评者看来,这意味着军工复合体已经打入学术机构内部,意味着学术机构的腐败,也意味着那些本来极有可能走上另一条不同道路的个人和群体,其追求和行动已经堕落。正如德里克·李巴特(Derek Leebaert)在描写美国冷战时期所说的那样:"保密的工厂和实验室,以及数以百万计的背景调查,并不便宜……生产出来的大部分知识其实是用于共享的,有些知识则非常私密。对保密的狂热崇拜,隔三岔五就把这两者给弄颠倒了。"[1]

军工复合体导致了对个人自由的压制。在艾森豪威尔看来,这是一种非常严重的危险,不过,他似乎主要担心未来会出现这种状况:"不正当的权力恶性增长的可能性已经并将一直存在。我们决不能让这种(军事和工业)结合起来的势力危及我们的自由和民主进程。"在后来的批评者眼里,军工复合体成了压制一切的"八爪鱼",剥夺了人们的言论自由、经济权利、学术自由、异议权利,甚至是迁徙自由。这些指控由来已久,怎么也抹不去,从冷战时期一直延续到21世纪的今天,正如有些人所言,对恐怖主义的恐惧,已经成为限制自由的新的正当理由。[2]

鉴于对军工复合体的指控范围如此之广,我们便不难理解为什么军工复合体的批评者一直想要援引艾森豪威尔作为权威,或者为什么每当批评者发现军工复合体的另一个有害方面时,人们假定他拥有的那些预知未来的智慧似乎就显得格外令人钦佩。正是这种历史的弹性,使得"军工复合体"一词,使得这篇演讲,最后也使得艾森豪威尔本人变成了用以描绘美国的画像。

然而,支持上述诸项看法的人,不管他们是否真的把艾森豪威尔作为自己的盟友,都必须面对一个棘手的问题:如果军工复合体影响如此恶劣,美国为什么一直没有加以遏制? 说有人捍卫我们上面界定的军工复合体固然有些夸张,但确实有人从中受益,也有人为它辩护。[3] 换句话说,我们所称的军工复合体的

---

[1] Derek Leebaert, *The Fifty-Year Wound*: *The True Price of America's Cold War Victory* (New York: Little Brown, 2002), p. xiii.

[2] 因为有人认为,美国需要军工复合体来保护自己免遭恐怖主义袭击。——译者注

[3] 这里偶有例外,比如《孤勇之士:支持军事工业复合体的理由》一书的作者约翰·斯坦利·鲍姆加特纳,就是军工复合体的一位名副其实的著名捍卫者。John Stanley Baumgartner, *The Lonely Warriors*: *The Case for the Military-Industrial Complex* (Los Angeles: Nash,1970).

圈内外观察人士虽然也许会接受上面所列的各项批评，但仍然会坚持认为这些消极结果至少比没有军工复合体时出现的其他消极结果要好。他们指出，美国在与苏联长达数十年的竞争中占了上风。更确切地说，很多人认为，美国的高额军费开支尽管往往令人感觉不适，但无论其效率如何低下，无论其同作战目的多么无关，这么做确实产生了有益的作用，它迫使苏联的军费开支不得不跟上美国的水平，从而拖垮了苏联的经济后盾。在后冷战时代，这批辩护者中有许多人依旧认为，军工复合体对于保护我们的公民和生活方式仍属必要，因为恐怖主义已经成为压倒一切的威胁，"9·11"事件就相当于入侵美国领土，这种情况是美国在冷战期间未曾遇到过的。

以上是军事方面的辩护。在工业方面，一般认为，始于军事实验室的创新，对美国的民用经济产生了有益的影响。互联网——起源于诞生在国防部高级研究计划局（Advanced Research Projects Agency of the Defense Department）的阿帕网（ARPANET）——和卫星通信就是大家熟悉的两个例子。另一个辩护的理由是，军事制造业是美国高薪岗位的一个重要来源，正当全球化让美国流失了那么多其他方面的商品与服务提供商之时，这些工作岗位由于具有高度的国家安全敏感性而不可能轻易转移到国外。

本书不会自诩要对这些争论做出评判。作者撰著此书的目的仅旨在描述军工复合体这个概念的认知源头和历史渊源，展现艾森豪威尔告别演说之后该概念的演变，并从艾森豪威尔所持观点的角度，用艾森豪威尔的标准来斟酌、权衡当代关于军工复合体的各种论点。

但是，军工复合体概念的经久不衰，向我们透露了美国对武器、金钱和政治权力三者交叉所怀有的各种忧心忡忡的看法中隐含的一些重要信息。军工复合体今天呈现的具体形式，也许同艾森豪威尔由第二次世界大战和早期冷战造就的认知中的军工复合体并不怎么相似。艾森豪威尔大概不会预料到美国将会长期卷入在伊拉克或阿富汗的军事行动、私人承包商将在这些战争中发挥主导作用、美国将在反恐战争中使用酷刑和非法窃听，也不会预料到美国将在世界军火市场上占据压倒性的支配地位。然而，当代美国人为了竭力让这些棘手的、别扭的事态同美国的民主理想相协调，竟然纷纷用上了半个世纪前艾森豪威尔演讲用的那个格外耐用的框架。时至今日，军工复合体的辩护者和反对者各自都还在力图通过解读艾森豪威尔明确说出的那些术语来赢得这场争论。不管是反对还是支持,在提出自己的主张时,只需寥寥几篇总统或是他人的讲话就够了。因此,在讲起军工复合体时,把它当作过去的事是错误的。本书将让大家看到,艾森豪威尔令人忧烦劳神的评论中使用的术语,几十年来一直被人们用来分析民主和军事力量之间的张力,今天我们仍需讨论军工复合体对美国政府最基本职能的"不正当影响"这个概念。

第二章　认知源头

人们普遍认为——尽管事实并非完全如此——"军工复合体"这一用语在英语世界，是1961年1月艾森豪威尔总统首先将其带进公众视野的，在此之前，这个词在英语中并未公开存在。[1] 尽管如此，如果不是综合了20世纪上半叶获得广泛支持的几种类似的思想，这一用语就不会引起如此普遍的共鸣，不会如此经久不衰。

例如，我们可以来看看1956年出版的一本书中的这段话：

少数大公司的决策不仅关系到世界各地的经济发展，也影响到世界各地的

---

[1] 笔者找到了艾森豪威尔1961年演讲之前"军工复合体"一词的3种用法。其中两种被用来形容一国国土内某一特定的物质实体。在这两种用法中，"复合体"指的就是"超大型综合性建筑群"（compound）。第一种是用来指苏联乌拉尔山脉以东的一个产钢区[H. R. Knickerbocker, "The Soviet Five-Year Plan", *International Affairs*, Vol. 10, No. 4 (July 1931), p. 442]。第二种是用来指美国内战期间南部邦联设在什里夫波特港（Shreveport）周围的军火和船运大本营[Waldo W. Moore, "The Defense of Shreveport: The Confederacy's Last Redoubt", *Military Affairs*, Vol. 17, Issue 2 (Summer 1953), pp. 72—82]。

第三种用法则谈到了第二次世界大战，而且更接近艾森豪威尔使用该词时的见识。这种用法的作者，经济学家、外交家温菲尔德·W. 里夫勒（Winfield W. Riefler）在《外交事务》上撰文，专门讨论了工业产量在决定战争结果方面发挥的作用，并阐述了"军工复合体运转"的必备条件——经济领域内民用部分和军事部分之间的交叉地带。鉴于文章的主题、作者的显赫地位以及所涉期刊的声望，艾森豪威尔顾问圈中可能有人读过这篇文章，也许艾森豪威尔本人就读过，但我没有发现这篇文章与艾森豪威尔的告别演说之间有什么明确联系。参见 Winfield W. Riefler, "Our Economic Contribution to Victory", *Foreign Affairs*, Vol. 26, No. 1 (October 1947), pp. 90—103。

军事和政治。军事部门的决策取决于经济活动的水平和政治生活,同时又对经济活动和政治生活产生严重的影响。政治领域内的决策决定着经济活动和军事计划。一方面,经济意义上的国家不复存在;另一方面,一个包含对政务和货殖而言均不重要的军事机构的政治秩序,也已不复存在。政治经济同军事机构和军事决策之间有着千丝万缕的联系。沿着中欧和亚洲大陆边缘一分为二的两极世界的每一方,经济、军事和政治结构日益交织在一起。倘若说企业的经济活动有政府的介入的话,政府事务也有企业的插手干预。从结构角度看,这个权力三角是对当今历史结构而言最重要的那个环环相扣的[国家]董事会的源头。[1]

剥去学术上的抑扬起落,这段话几乎就是艾森豪威尔5年后发表的那篇演说中最著名的一段话的草稿。然而,作者——生性叛逆的社会学家C.赖特·米尔斯(C. Wright Mills),该段话出自他的经典著作《权力精英》(*The Power Elite*)——却在政治上和社会上都尽可能地远离艾森豪威尔(尽管二人都至少与一所精英学府哥伦比亚大学有关)。[2]

尽管表面上看起来不太可能,但艾森豪威尔使用的军工复合体这一概念的确触及了有关商业、权力和军事方面广泛流传的思想观念,这些思想观念以前曾为彻底的和平人士或反对特定战争的人士所拥护,也为支持创立多国组织以防止未来战争的评论家和政治家(如伍德罗·威尔逊)以及关注权力的集中及其在20世纪各国所采取的形式的社会学家所拥护。这些批评人士的看法可以分为如下几类:

● 死亡贩子论(the merchants of death thesis)。该理论的核心观点是,军火商为使自己的利润最大化,蓄意挑起、鼓动战争,并使国家之间的战争永久化。这种说法于20世纪30年代在美国极为流行。

● 战争经济论(the war economy thesis)。这种观点认为,现代工业过多地与武器生产联系在一起,国家和军火工业日益相互依赖,这从本质上讲是相当危

---

[1] C. Wright Mills, *The Power Elite* (1956; reprint, New York: Oxford University Press, 2000), pp. 7–8.("国家"二字为译者所加。所谓的国家董事会,指的就是国家政权机关。——译者注)

[2] 米尔斯长期执教于哥伦比亚大学,艾森豪威尔就是在他执教哥伦比亚大学期间担任该校校长的(1948—1953年)。据说有一次艾森豪威尔坐在教室最后一排听米尔斯讲课,米尔斯马上换了一个讨论题目,大谈特谈如何通过阶级斗争推翻美国政府。艾森豪威尔从此之后再也没有走进过米尔斯的课堂。——译者注

险的。这种说法最早由欧洲提出,随后在美国落地生根,到20世纪40年代发展成为一个成熟的经济理论。

● 兵营国家论(the garrison state thesis)。这一理论在第二次世界大战期间及之后在学术界特别具有优势。该理论认为,未来各大社会将纷纷按照高度军事化的方式组织起来,这样将会缩减个体自由和民主理想。

● 技术官僚精英论(the technocratic elite thesis)。这种观点认为,随着社会变得越来越复杂,并因而越来越依赖技术,美国将为某类不负责任的官僚所左右。

仔细研究上述每一个论点,就可以揭示艾森豪威尔所指的长期政治问题。

死亡贩子论

自从军火工业向美国军方提供武器和物资以来,人们就一直担心私营公司会把对利润的追求凌驾于国家利益之上。有些历史学家将军工复合体的起源——以及它在某些纳税人和国会议员中引起的焦虑——一直追溯到19世纪中后期。[1] 举例来说,在内战期间,就有人指控枪支制造商提供的武器装备不符合标准,并且价格往往高得离谱。但直到二三十年后,工业和军事之间才开始建立永久性的联系。随着美国海军在内战后的几十年里对其舰队进行现代化改造,其对金属的需求——起先是铁,后来是钢——急剧扩大。从19世纪80年代开始,美国政府开始委托建造新型钢铁巡洋舰,这是彼时美国军队在和平时期进行的最大规模的军备扩张。这一时期,钢铁工业控制在少数几家大公司手中,钢铁巨头、造船业及海军三者之间的关系变得非常密切。例如,1889—1893年间担任海军部长的本杰明·F.特雷西(Benjamin F. Tracy),就是建造钢铁战舰的重要支持者,他卸任后在卡内基钢铁公司(Carnegie Steel Corporation)担任

---

[1] 例如,可参见 Paul A. C. Koistinen, *The Military-Industrial Complex: A Historical Perspective* (New York: Praeger, 1980). 关于裁军的思考及其与军工复合体的关系,还有一篇非常好的概括性文章,参见 Earl A. Molander, "Historical Antecedents of Military-Industrial Criticism", *War, Business and American Society: Historical Perspectives on the Military-Industrial Complex*, ed. Benjamin Franklin Cooling (Port Washington, New York: Kennikat Press, 1977), pp. 171—187.

律师。[1]

除了对铁路建设提供资金外,政府为建造新式舰船提供资金,同样意味着给钢铁行业带来巨额合同。据国会估计,1887—1915 年间,三家钢铁公司——伯利恒钢铁公司(Bethlehem Steel)、卡内基钢铁公司和规模相对较小的米德维尔钢铁公司(Midvale Steel),单就海军舰艇装甲板这一种产品,就获得了 9 560 万美元的政府合同。[2] 当时,美国还没有制造装甲的设备设施,因而政府购买的并不是钢铁公司已经在生产的产品。为此,政府专门为钢铁制造商扩张产能提供了补贴,并授予新产品制造专利。

资金的流动和各方利益的竞争导致了冲突,这一点也许不可避免。国会指控一群造船厂商因为造的舰船航速超过了海军此前的要求而收了 100 万美元的额外费用,并暗示他们为了获得这笔费用,同政府官员相互串通。众议院海军事务委员会(House Naval Affairs Committee)出示的检举证据表明,卡内基钢铁公司明知故犯,向海军提供劣质的装甲板,并在产品质量问题上瞒骗政府检查人员。1894 年,委员会主席阿莫斯·卡明斯(Amos Cummings)指控说,卡内基员工"长期以来,似乎都多少受到了某种欲望的驱动,想尽一切办法欺骗政府检查人员"[3]。该委员会在其报告中得出结论认为,"这些查明的欺诈行为……应被认定为犯罪",它们威胁到了"国家最宝贵的利益"。卡内基公司的其中一个部门最终支付了略高于 14 万美元的罚款。批评人士由此开始谈论"装甲帮"——或者用一位海军部长的话,叫做"装甲板托拉斯",从而将进步主义时代(Progressive Era)的各种垄断词汇开始用于军事承包过程。

由此,军事采购领域便经常出现暴利指控。这些指控在第一次世界大战爆发前后有了一次质的飞跃。新的观点认为,武器制造商不仅会为了维护自己的利润去欺骗政府,还会蓄意鼓动国家发动战争、加入战争或是延长战争,以制造对其产品的需求。这项指控涉及的内容更复杂、更险恶,其中不仅牵涉到美国公司,还牵涉英国、法国和德国的军火商。

---

[1] H. C. Engelbrecht and F. C. Hanighen, *Merchants of Death* (New York: Dodd Mead, 1934), p. 2.

[2] *Congressional Record*, February 15, 1915, Cited in George Seldes, *Iron, Blood and Profits* (New York: Harper and Brothers, 1934), p. 18.

[3] Kurt Hackemer, *The U. S. Navy and the Origins of the Military-Industrial Complex, 1847—1883* (Annapolis: Naval Institute Press, 2001), chapter 1.

就在武器制造商纷纷成立爱国联盟、发起"备战运动",以说服美国参战的同时,少数国会议员对军火制造商和作战物资供应商发起了影响深远的攻击,其中最强劲的是伊利诺伊州民主党人克莱德·霍华德·塔文纳(Clyde Howard Tavenner)。此人从1913年起担任过两届众议院议员,国会生涯相对平淡无奇,但在反对第一次世界大战方面,他身旁站着一位强大的盟友亨利·福特(Henry Ford),尽管这位盟友身上有些污点。塔文纳明确指责"战争托拉斯"不仅对政府要价过高,而且将国家推向了战争的边缘。他引用华盛顿和林肯的例子来说明他的观点,主张应该通过国有制造商来满足军事需求,认为这是击败那些以牟利为目的的武器生产者的垄断权力的唯一办法。他在1915年告诉国会[1],"装甲、武器和弹药承包商不会傻到彼此割了对方喉咙的地步","他们的正事是,拿出必要的资金让地球上的人民独享互割对方喉咙、把对方大卸八块的场景,自己则从中赚取巨额利润。至于他们自己,他们不会陷入价格战。他们的行当纯粹就是牟利。他们打开局面的方式是,首先挑起各国间的相互猜疑,然后诱导它们进行过度准备,从而诱使各国走向战争。有没有人想过,如果欧洲国家没有为战争做过多的准备,他们会如此愿意走进战争吗?"塔文纳坚持认为,解决这条通向战争之路的唯一办法,就是不让人们从战争和战备中获利。

塔文纳和其他反对第一次世界大战的人嘴巴上的火力,终究还是敌不过那些希望美国参加第一次世界大战的利益集团,但他们的这种批评一直在继续。1919年国际联盟成立时,其盟约第8条便提到了"私人贩运军火的恶劣影响",这也是1925年国际联盟会议的焦点。死亡贩子论在20世纪30年代中期达到了一个顶峰。1934年问世了三部揭露黑幕的著作:乔治·塞德斯(George Seldes)的《铁、血和利润》(*Iron, Blood and Profits*)、H. C. 恩格尔布莱希特(H. C. Engelbrecht)和E. C. 哈尼根(E. C. Hanighen)的《死亡贩子》(*Merchants of Death*),以及奥托·莱曼-罗斯布尔特(Otto Lehmann-Russbueldt)的新版《以战求利》(*War for Profits*)(译自德文)。这三部著作高度相似,都是关于军事工业的争议史,而且都追溯到了罗马帝国时期。三部著作对军火制造商的控诉内容主要包括:

● 绕过法律、国际条约及所有责任追究制度运营;

---

〔1〕 引文来自 *Congressional Record*, February 15, 1915, 翻印见 Seldes, *Iron, Blood and Profits*, Appendix V。

- 煽动战争恐慌,以获得产品市场和更高的利润;
- 直接点燃某些战火,并延长另一些战争的时间;
- 通过诉诸爱国主义为自己的存在辩解,而事实上通过向国家的敌人出售物资来破坏国家安全;
- 从事贿赂官员、操纵投标和其他扭曲自由市场的商业操纵活动。

这些煽动性的指控——其中许多是对上一代塔文纳所做工作的详尽阐述——激起了公众的愤怒。三部著作中,《死亡贩子》的影响可能最大。由于预订量极大,出版商甚至在该书 1934 年 4 月 25 日发行前,就让印刷厂二次印刷,并在出版发行次日安排了第三次印刷。该书是 1934 年 5 月"每月一书俱乐部"(Book of the Month Club)的首选,为了与之竞争,塞德斯的书甚至"迅速被出版社过审"[1]。《死亡贩子》成了一部畅销著作,并被译成法语、荷兰语和西班牙语。

这三部著作出版之时,恰值美国对军火工业展开一场最持久、最重要的立法调查。该调查被称为"军火调查",由北达科他州参议员杰拉尔德·P. 奈(Gerald P. Nye)领导。1934 年 4 月,参议院在没有一票反对的情况下通过了一项决议。决议声称,"商业动机的影响,是涉及维护国家安全的一个不可避免的因素",甚至"常常被人们看作刺激和维持战争的一个不可避免的因素"。当奈在 1934 年 9 月开始他的听证会时——成员中包括刚从哈佛大学法学院毕业的阿尔杰·希斯(Alger Hiss),他像那段时期极少数人做过的那样,准备从根本上改变美国武装自己的方式。[2] 罗斯福总统至少在官方场合支持奈进行一次广泛调查,因而奈开始严肃对待美国政府应该对战争物资的生产拥有绝对控制权这一观点。根据当时的民意调查,这一观点得到了大多数美国人的支持。[3] 奈在 1934 年 11 月指出:"毫无疑问,从备战当中牟利,以及通过战争本身牟利,构成了对世界和平的最严重的挑战。……将追逐利润的因素从战争中剔除,就会显著消除更

---

[1] "Book Notes", *New York Times*, April 5, 1934.

[2] 阿尔杰·希斯(1904—1996),民主党人,罗斯福政府时期美国国务院官员,曾以罗斯福顾问的身份出席雅尔塔会议,此后还曾担任卡内基国际和平基金会主席。希斯于 1948 年被指控为华盛顿特区美国共产党间谍网成员,1951 年以伪证罪而非间谍罪被判刑 5 年。希斯出狱后始终坚持自己的清白与无辜。该起间谍案直到现在还是疑案。——译者注

[3] 对奈职业生涯及其军火调查的戏剧性起落的最好概括,可参见 Wayne S. Cole, *Senator Gerald P. Nye and American Foreign Relations* (Minneapolis: University of Minnesota Press, 1962)。

多的战争危险。"

这是美国社会生活中裁军与孤立主义势力在政治上的巅峰时刻。同一时期，来自密歇根州的参议员阿瑟·范登堡(Arthur Vandenberg)提出一项议案，主张将营利剔除出战争——这一决议得到了和平主义组织国际妇女联盟(Women's International League)以及美国退伍军人协会(American Legion)的支持，国会也在认真考虑让中立在美国获得正式的法律地位。然而，尽管举行了无数次听证会，并探出了许多有关军火交易的尴尬细节，但奈委员会最后也只是发布了几份充斥着靠不住的指控而少有可行替代方案的报告。[1]奈指责强大的利益集团正在做出"巨大努力以拖延调查的进展"。奈的指责可能确有其事，因为委员会关于向海外运输武器的听证会引发了很多外交上的风波。但奈委员会的调查未能取得令人满意的进展，还有其他方面的问题。奈和罗斯福一直相处得不好。奈觉得，总统任命一个单独的委员会来审查战争的利润，是特意针对他的，目的是破坏他领导的委员会。奈注意到，总统的那个委员会里充满了军事人员，因此愤怒地将其比作"任命约翰·迪林杰(John Dillinger)[2]起草反犯罪法"。

但从公共舆论的角度来看，最重要的是，奈提到了某些不该提的重要历史事实。1936年1月，奈和委员会里另一位参议员、来自密苏里州的本尼特·钱普·克拉克(Bennett Champ Clark)拿出了数份用以作证的文件。文件表明，英国同其他国家签订的秘密条约都涉及为结束第一次世界大战而制定的停火之后怎样瓜分欧洲的各种计划，威尔逊和他的国务卿在1917年春对此一清二楚，但两位对外谎称不知道有这回事。越出委员会的授权范围已经够糟了，称伍德罗

---

[1] 此处原文"salacious charges"中的"salacious(淫秽的，色情的)"可能是排版错误，正确单词推测应为"fallacious"。如果确如原文所言那样，奈委员会的调查最后结果应该引起极大轰动，而非不了了之。为查证奈委员会报告是否如文中所言充斥着"salacious charges"，译者翻阅了该委员会的报告，发现事实并非如此。故此处暂作"fallacious"解，敬请方家指教。——译者注

[2] 约翰·迪林杰(1903—1934)，银行劫匪，黑帮头目。屡次抢劫、越狱，1934年在逃亡途中被警方击毙。——译者注

·威尔逊是骗子就更过分了。[1]第二天,得克萨斯州参议员汤姆·康纳利(Tom Connally)站起身来,如一位历史学家所说的那样,"对奈进行了严厉的斥责,其尖刻程度在参议院历史上极为罕见"[2]。康纳利咆哮道:"这位来自北达科他州的参议员竟然用这种只适合用于描写那些在某幢矮房子的后屋里玩着跳棋、喝着啤酒的人的语言,来……记录一位逝者、一位伟人、一个好人、一个活着的时候敢于正面硬刚敌人的人!"康纳利使劲地敲着桌子,左手的一个指关节甚至因此永久变形。第三天,曾在威尔逊内阁任职的弗吉尼亚州参议员卡特·格拉斯(Carter Glass)称,对威尔逊的攻击"不仅没有一丝体面,而且……是我在国会任职35年来这里此前从未发生过的令人惊愕的事情"。格拉斯也用身体展现了自己的愤怒,他用拳头猛击桌面,导致手上出血。这就是奈能够进行有效调查的尽头,而死亡贩子论也由此——至少在华盛顿权力中心——进入了长达几十年的蛰伏状态。

战争经济论

战争经济论是紧随着死亡贩子论而来的一个推论。两者涉及的都是商业活动和军事之间的交搭,但战争经济论更进了一步。该理论认为,现代工业国家与军事装备制造商之间的关系盘根错节,以致彼此谁也离不开谁。战争经济论的一个重要主张是,现代战争——包括将飞机编入作战行列,以及对钢铁、橡胶和石油等工业产品的海量需求——从本质上不可阻挡地缩小甚至是消除了社会上民用需求和军事需求之间的差别。

第一次世界大战无疑是这一思路的熔炉。1914年战争爆发后,英国一群自由派激进知识分子和记者组成了一个颇具影响力的反战组织,称为抑制战争民主联盟(Union of Democratic Control,简称UDC)。在抑制战争民主联盟内部和

---

[1] 在1936年1月15日的听证会上,奈委员会抛出了1917年英国外交大臣阿萨·贝尔福发给美国国务卿莱辛的秘密备忘录。该备忘录记录了英国和其他同盟国政府秘密协定的内容。奈就此声称,威尔逊总统和莱辛国务卿声称在巴黎和会前与英国没有任何密约,完全是谎言。按照外交惯例,一国政府发给另一国政府的信件、电报等,未经发送国同意,接收国不得公开。为此,美国国务院曾就公开贝尔福备忘录的内容向英国政府征求意见,英国政府明确表示不同意。美国国务院于1935年12月23日将英国政府方面的意见告知了奈。——译者注

[2] Cole, *Senator Gerald P. Nye*, p. 89.

周围，聚集了一批知名人物，其中包括伯特兰·罗素（Bertrand Russel）和查尔斯·屈维廉（Charles Trevelyan）。抑制战争民主联盟出版了许多小册子，攻击英国在战争中的角色。他们在全国各地举行成千上万人参加的公众集会；在使工党（Labour Party）代替没落的自由党（Liberal Party）成为20世纪初的英国左翼主导力量方面，他们也发挥了至关重要的作用。[1] 他们从诸多方面对第一次世界大战和英国在战争中的角色进行了批判，其中包括谴责英国"秘密外交"的历史（外交官不经议会批准或公众同意，私下承诺在战争中支持他国）以及在国际军火贸易中扮演的肮脏角色。

然而，在抑制战争民主联盟中，有些人对军事和民用经济之间前所未有的共生关系进一步提出了更广泛的批评。自19世纪随着蒸汽动力、弹夹步枪、无烟火药和其他现代军事技术的发明而出现"全面战争"（total war）概念之后，严格军事意义上的战争经济论便一直在酝酿之中。抑制战争民主联盟则把全面战争的概念扩展到现代国家经济的各个方面。[2] 在1914年出版的一部极有先见之明的著作中，曾在抑制战争民主联盟理事会任职的左翼记者亨利·诺埃尔·布雷斯福德（Henry Noel Brailsford）写道："过去两年来发生的事件表明，今后现代战争将更加难以和解，交战国的作战对象不单单是对方的陆军和海军，也包括对方的平民百姓。平民百姓通过为战争提供资金、生产杀戮工具，通过工业生产和农业劳动，通过自己的认可和支持，维持着那些陆军和海军。交战国将无法区分战斗人员和非战斗人员，国际法学者在这个问题上也将越来越徒劳。把制造由他人发射并造成致命后果的子弹、炮弹或炸药的人视为非战斗人员，是完全违背逻辑的。"[3]

第一次世界大战为大西洋两岸的战争经济论信徒提供了充足的证据，甚至抑制战争民主联盟的信念与伍德罗·威尔逊自1916年开始提出的和平解决冲

---

[1] 对抑制战争民主联盟的历史和影响的最完整的描述，当属 Marvin Swartz, *The Union of Democratic Control in British Politics During the First World War* (Oxford: Clarendon Press, 1971).

[2] I. S. 布洛赫有一部军事史著作，对抑制战争民主联盟的经济批判产生了非常重要的影响。I. S. Bloch, *Modern Weapons and Modern War*, trans. W. T. Stead (London: Grant Richards, 1900).

[3] Henry Noel Brailsford, *The War of Steel and Gold* (London: G. Bell and Sons, 1914), p. 309.

突和建立国际联盟的主张,也都对彼此产生了强有力的影响。[1] 1917 年美国介入战争也许动摇了两者之间的密切关系,但对于战争经济论的拥护者来说,美国的这一举动只是确证了他们的信念。尽管人们主要是从经济而非军事或战略方面指控美国参加第一次世界大战,但这些指控的理由在 20 世纪 30 年代极富争议,并导致奈委员会的工作脱离了轨道。不过,随后历史学家轻轻松松地就认可了这一理论,几乎不带一丝大惊小怪。众所周知,威尔逊极度希望美国在第一次世界大战中保持中立,而且美国在军事上的准备严重不足,无法介入战争去攻打几十年来一直在扩军备战的德国。但现实情况是,美国面临着严重的经济压力,迫使它违背自己所期望的中立。早在 1914 年夏,美国各大银行就开始通过国务卿威廉·詹宁斯·布赖恩(William Jennings Bryan)向威尔逊政府施压,要求允许它们向法国政府和控制了法国大部分银行系统的强大的罗斯柴尔德家族(Rothschild family)提供大量贷款。在官方场合,威尔逊和布赖恩都反对采取这样的举动。布赖恩声称:"金钱是所有禁运品中最有害的。"他还写信给摩根大通(J. P. Morgan)的总裁说:"美国银行家向任何处在战争状态的外国提供贷款,都不符合真正的中立精神。"(尽管这句话并不是说要明令禁止。)

然而,在非官方场合,大家的看法则是,事实证明,第一次世界大战对美国经济的影响不容忽视。1914 年 10 月,国家城市银行(National City Bank)的一名官员与国务院联系,特别提到美国制造商正在请求该行向购买美国商品的外国买家发放授信,以便利用"数量空前,而且还在不断增加的商品"来推动美国经济的增长。这位银行人士指出,如果美国公司不提供此类信贷,欧洲交战国就会转向阿根廷、澳大利亚、加拿大等其他国家,这样不仅让美国的中立毫无意义,而且损害了美国自身的经济利益。威尔逊对此表示同意,美国金融体系由此走上了一条自己设计的极其危险的滑坡之路:授信变为贷款—银行过度依赖贷款—交战国无力偿还贷款,从而威胁到银行。几年之内,威尔逊政府便发现自己面临着世界金融体系的潜在崩溃局面。正如威尔逊的一位传记作者所言,总统"因此"不得不"对付与道德主义者的情绪一样对中立构成巨大威胁的商业冲动"[2]。就

---

[1] 对威尔逊的顾问与抑制战争民主联盟之间的联系的详细描述,可参见 Henry Pelling, *America and the British Left, from Bright to Bevan* (London: Adam and Charles Black, 1956)。

[2] Arthur Walworth, *Woodrow Wilson* (2nd ed., revised; Boston: Houghton Mifflin, 1965), book II, p. 2.

像全面战争需要国家进行全力以赴的经济动员一样，一个充分运转起来的经济体系似乎也同样需要与正在交战中的国家进行贸易，甚至加入战团。

本书不打算评判历史上有关美国参加第一次世界大战的确切原因究竟是什么的争论（尽管值得注意的是，威尔逊本人在参议院外交关系委员会作证说，他认为，即使德国没有对美国公民采取任何行动，美国也会参战）。但不管美国采取这种做法是基于什么样的考虑，当时的历史学家和公众人物都已经树立起了这样一种观念，即现代工业经济和现代军事机构在行动上相互依赖，影响十分恶劣。这种观念与几十年后艾森豪威尔所说的"军工复合体不管是来自有意追求，抑或只是无意中所得的不正当影响"非常相似。

在本章讨论的四个概念中，战争经济论是唯一获得实际政策制定者捍卫的理论，而不是只有人去为它辩解、为它赋能，或是纯粹出于私利去提倡它。甚至在第二次世界大战结束之前，有权有势的商界人士和政策制定者就认为，美国的工业能力需要着眼于打赢一场比第二次世界大战更持久的战争。1944年1月，通用汽车公司（General Motors）前总裁、战时生产委员会（War Production Board）执行副总裁查尔斯·威尔逊（Charles Wilson）在陆军军械协会（Army Ordnance Association）发表了一场里程碑式的讲话。他斥责以前的裁军战略"信誉扫地"，并声称国家的安全取决于保持随时开战的能力。他将目光投向了保持一支海军舰队"存在"这种由来已久的概念，即不与对手交战，而是通过迫使对手将部队转向防御可能出现的攻击，以此来遏制战争。[1]"从今往后，我们应把我们的国策建立在战争工业能力以及同样现实的战争研究能力的坚实基础之上，还有什么比这更自然、更合乎逻辑的吗？在我看来，做不到这一点就是有勇无谋。"他呼吁武装部队与私营企业通力合作，利用科学技术进行军事准备，呼吁要容许工业发挥作用"而不受政治猎巫的阻碍，不被贴着'死亡贩子'的标签输给一群狂热的孤立主义人士"[2]。威尔逊后来出任艾森豪威尔政府国防部长。

---

〔1〕这句话指向的是海军战术理论中的"存在舰队（fleet in being）"理论。该理论的实践至少可以追溯到17世纪90年代，之后马汉在《海权论》中进行了理论上的概括。该理论在应用过程中会根据具体情况进行一定的变通，但内核理念没有变化，那就是舰队不冒险出战，以免被击败甚至是遭到歼灭，这样舰队便可始终保持其存在，从而对对手形成威慑，迫使对手不得不部署军事力量加以防备，达到牵制对手兵力的目的。存在舰队理论本质上指向的是进攻，因而重点是舰队建设，再往前走一步便是舰队至上主义。与该理论相对的另一种海军战术理论——要塞舰队理论偏重于防守。——译者注

〔2〕"WPB Aide Urges U. S. to Keep War Set-Up", *The New York Times*, January 20, 1944.

毫无疑问,许多企业界人士——他们是威尔逊讲话的听众——对政府资金即使在和平时期也会继续源源不断地流入他们手中这一前景甚感高兴。除此之外,政府也知道战争开支对经济有利,并开始意识到,战争开支也可以有益地扩展到和平年代。20世纪三四十年代,出现了一个后来以"军事凯恩斯主义(military Keynesianism)"(多少有点误导)为人所知的学派。该学派认为,一国政府的军费开支是刺激或维持(有的倡导者认为是刺激,有的倡导者认为是维持)经济增长的合法途径。在美国历史上的大部分时间里,战争税和战争开支通常只是根据临时的军事需要制定的,但第二次世界大战结束时的全球经济状况促使美国高层决策人士仔细掂量永久性战争经济的好处。早在1944年1月,国务卿科德尔·赫尔(Cordell Hull)就开始考虑在战后实施一项大规模的战略囤积计划。根据该项计划,美国将用5年时间来储备它在未来战争中可能需要的原材料——天然橡胶、工业用金刚石、锡和石油。进口这些材料除了对军事斗争准备具有明显好处外,还会连带产生积极的经济影响。正如当时《华尔街日报》(*Wall Street Journal*)一篇文章所言,该计划"将为日后重建世界的美国大规模出口计划起到进口平衡作用,为债务国偿还美国借给它们的公共贷款提供一种还款途径"[1]。

从更广泛的经济角度来看,第二次世界大战战争动员让美国基本实现了充分就业。维持这种状况是一个极为诱人的社会目标,因而国会在《1946年就业法案》(Employment Act of 1946)中,要求联邦政府承担起"最大限度地"提高"就业、生产和购买力"的责任。当时,与军事有关的开支约占政府全部开支的四分之三,因此,仅仅只是服从该就业法案的指令,意味着美国至少在短期内必须严重依赖军费开支。政府中有许多人士会接受这种情况,将其看作经济实用主义。但美国左翼人士对永久性战争经济这一主张展开了抨击,因为永久性战争经济的支出在本质上是非生产性的——制造坦克和战斗机并不能满足人们的需求,而且这种经济会将权力集中在垄断资本家手中。在左翼人士看来,这也是一种玩世不恭的创造就业机会的把戏。左翼杂志《政治》(*Politics*)的编辑们写道:"现代资本主义在战争中……有一个经济稳定器。这个稳定器比把金字塔、大教

---

[1] Walter H. Waggoner, "Strategic Hoard", *Wall Street Journal*, January 6, 1944.

堂和公共事业振兴署（WPA）集于一身的稳定器还要稳定。"[1]

这一时期，有这么一段奇妙的、鲜为人知的插曲，与我们当前的讨论密切相关。在讨论两次大战之间对军费开支的普遍批评时，很少有人瞥见军队内部是如何看待这些争论的。1930年夏，《国家》（Nation）杂志发表了一篇虽然篇幅很短，但不同寻常的曝光文章，题为《战争红利》（The Profits of War）。在这篇文章中，一位名叫福雷斯特·雷瑟福·布莱克（Forrest Reserve Black）的法学教授声称，他看到过战争部1924年的内部备忘录。这些备忘录显示，多年来，政府一直与私人制造商签订合同，让后者为尚有待到来的战争提供物资。据布莱克所说，有一份《战争部可调整价格合同》（War Department Adjustable Price Contract）可以确保军火制造商将武器产量维持在一定水平，并确保其销售价格中包含"正常"的利润。一旦美国宣战或出现类似的国家紧急状态，合同就将立即生效。布莱克引述一位几乎可以肯定是化名的军方人士"马尔斯少校"（Major Mars）提供的消息称，战争部是"根据企业巨头和全国制造商协会（National Association of Manufacturers）的建议"采取行动的。[2] 布莱克指出，这样的供应条款没有明确的法律依据，并预测军火制造商会利用战争癔症，从政府那里设法索取尽可能高的价格。布莱克认为："美国人民如果真的希望防止1917—1918年的战争重演，就应该要求获得有关战争部与商业利益集团结成利益联盟的充分信息，因为经验已经一次又一次地证明，在追求战争红利的过程中，一定潜藏着对和平的威胁。"

这篇文章引起了威斯康星州《马尼托沃克时报》（Manitowoc Times）一位编辑的注意，这位编辑写了一篇社论，指责战争部"肆无忌惮地篡取权力，令人无法容忍"。这篇社论又引起了战争部部长助理办公室的注意，该办公室认为，有必要纠正这两份报刊的说法。于是，该办公室起草了一封信件，由乔治·范·霍恩·莫斯利（George Van Horn Moseley）将军签字发出。信件分别向两份报刊礼貌地指出，这种动员确实得到了国会的授权，即《1920年国防法案》（National Defense Act of 1920）。此外，莫斯利将军还明确肯定，将第一次世界大战期间出了岔子的军事合同程序进行合理化改革符合公众利益。信件的起草、编辑和邮寄都是在战争部

---

〔1〕 引自对沃尔特·奥克斯撰写的《走向永久性战争经济？》一文的导语部分。Walter J. Oakes, "Toward a Permanent War Economy?" *Politics*, February 1944.

〔2〕 Forrest Reserve Black, "The Profits of War", *The Nation*, vol. 131, no. 3399 (August 27, 1930), p. 222.

一名助理的监督下完成的,这位助理就是德怀特·D. 艾森豪威尔。[1]

兵营国家论

有些用语在一段时间内会引起人们特别强烈的共鸣,"兵营国家"(garrison state)就是其中之一。在20世纪四五十年代的美国,政府官员普遍会提醒不要让美国成为"兵营国家"。"兵营国家"这个用语的确切含义因人而异。人们间或会在军事语境下使用该词,将其用于描述后来所称的"卫星国"或军事上的"缓冲区",也即一国公民之领土,但其命运主要取决于另一个比它更大、更强的国家的需要。更常见的情况是——在这里不难看出两种含义之间的演变,人们用它来形容一个个人自由受到严重抑制并自动屈从于国家和军事命令的社会。例如,1947年,《纽约时报》(New York Times)一位作者这样总结核时代的困境:"在追求安全时,我们必须当心,不要因此失去自由。因为鉴于原子弹带来的威胁,可能出现这样一种趋势,即我们在各个领域都不停地增加军事力量,以至于最终我们国家变成'兵营国家'。"[2]

将这一概念阐述得最详尽透彻的,当数社会学家哈罗德·拉斯韦尔(Harold Lasswell)1941年发表的题为《兵营国家》(The Garrison State)的文章。[3]在拉斯韦尔看来,兵营国家就是这样一个世界,"在这个世界里,暴力方面的专家是社会上最有权势的群体"。商人的谈判技巧和谋利技巧在当今社会上所处的至高无上的地位,换作在兵营国家,将让位于士兵的战斗技巧和对技术的掌握。这里尤其值得注意的是军队在维持公共秩序方面的作用。拉斯韦尔特别关注空战的发展,认为这是取消非军事利益和军事利益区分的一大因素。在他的想象中,在这样的国度,人民将被迫为了所谓的国家利益而工作,绝大多数民主机构将不复存在,取而代之的是通过全民公决形成的独裁决策和全民投票产生的政府。经

---

[1] 艾森豪威尔参与这场争论的记录,参见 Daniel D. Holt and James W. Leyerzapf, eds., *Eisenhower: The Prewar Diaries and Selected Papers, 1905—1941* (Baltimore: Johns Hopkins University Press, 1998), pp. 143—144。

[2] Hanson W. Baldwin, "Secretary of Defense Takes Office in Era of International Uncertainty", *New York Times*, September 21, 1947.

[3] 《兵营国家》一文的节略本重新发表于 Harold D. Lasswell, *Harold D. Lasswell on Political Sociology*, ed. Dwaine Marvick (Chicago: University of Chicago Press, 1977), pp. 165—176。

济生产将遵循严格的规则,统治者利用"战争恐慌"来确保民众不会过度消费。不足为奇的是,在拉斯韦尔的想象中,"那些站在军事金字塔顶端的人,无疑会在收入金字塔中占据高位"。

在拉斯韦尔笔下,兵营国家是一个"发育中的建构物",即一个从很多方面来看越来越可能出现的场景,但只要正确审视和维护民主价值观,就可以避免。从这篇由美国人撰写于第二次世界大战之际的学术论文来看,作者对兵营国家将会出现在哪些地方的料想非常客观。在他看来,日本、德国、苏联和美国都极有可能出现兵营国家。按照他的预测,如果这样一个场景出现在美国,它将围绕着自由国家间的一元民主这种"符号模式"来进行组织,这一幕将极具讽刺意味,即为了拯救自由,美国和某些盟国将会合谋摧毁自由。

持兵营国家论的并非只有拉斯韦尔这么一名学术独行侠。在1950年的一次颇有些令人惊愕的讲话中,美国全国制造商协会会长克劳德·A.帕特南(Claude A. Putnam)就事论事地宣称,美国人"将会在兵营国家中生活5年、10年抑或15年"[1]。这是一幅不容乐观的黯淡画面,但数百万美国人瞥见的是它的某个变种,一个只需要防范的目标。当然,绝大多数美国人坚信,他们的宪法和民主传统足可以抵御这个开始被广泛贴上"极权主义"标签的事物。但这种看法受到了来自下述三个方面的严峻挑战:国外反民主政权的崛起;第二次世界大战期间,国内对自由的限制(数以万计的日裔美国人遭政府拘押令许多人感到不安);甚至在同盟国取得胜利后,全球许多地区也开始变成兵营国家的模样。

有一个美国人表达了他对兵营国家的恐惧,而且旨在反对它,此人便是艾森豪威尔。在艾森豪威尔的私下交流和公开讲话中,这个词随处可见。例如,在当选总统后不久的一次记者招待会上,艾森豪威尔这样描述了评估和应对美国所面临的各种威胁的难度:"我们不想成为一个兵营国家。我们想要保持自由。我们的计划和方案必须与自由民族相适应,这就意味着我们本质上奉行自由经济。坦率地说,这是本届政府每天都在面对、讨论和处理的问题。"[2]

在几天后的一次广播讲话中,艾森豪威尔明确把军费开支和幻想绝对安全与独裁统治的幽灵联系起来:"事实是没有最大限度的军事安全这种事,除非我们完全调动所有国家资源。这样一种安全会迫使我们仿效独裁者的各种做法。

---

[1] "U. S. Seen Becoming a 'Garrison State'", *New York Times*, October 12,1950.
[2] "The President's News Conference of May 14,1953", PPP,1953,doc. 77,pp. 293−294.

它将迫使我们让所有身体健全的人都穿上军装,迫使我们把工人、农民、商人全部编团编队,迫使我们对物资实行配给制、对物价和工资实施管制。简言之,就是迫使我们让整个国家服务于兵营国家的各种阴森严酷的目的。我坚信这不是保卫美国的方式。"[1]

我上面引述的艾森豪威尔的这些话,并不表明艾森豪威尔具体参考了拉斯韦尔的看法,带有马克思主义色彩的社会学作品不是艾森豪威尔喜欢的读物;简单地用"军工复合体"来替换"兵营国家",也不能充分传递艾森豪威尔在上述两个例子中想要表达的意思。尽管如此,事实已经清楚地表明——我们将在后面章节进一步看到其他例子,艾森豪威尔从上任总统之初就坚信,美国要想无愧于自己的使命,就必须以国家安全和军费开支为一端,以自由——特别是经济自由——为另一端,在两者之间划出严格的界限。[2]

对技术官僚精英的恐惧

20世纪四五十年代,整个美国社会都见证了技术的巨大发展。原子弹以及后来氢弹的发明,不仅被视为军事上的进展,而且被看作科学进步的顶峰,只是许多人由此担心科学进步已经失控。电视和电脑给美国人的生活带来了巨大的好处,但也给许多人的生活方式带来了挑战。事实上,艾森豪威尔的告别演说中,有很大一部分警告了滥用科学技术知识所固有的各种反民主的可能性。

这一主题是战后美国思想中一种普遍的潜流。对技术官僚精英的恐惧,其极端的表现形式,就是各种反面乌托邦小说,如乔治·奥威尔的《1984》。但不那么极端的恐惧也左右了20世纪50年代美国人的思想。这种担忧就是,即便是我们所热爱和钦佩的机构,也可能合谋逐步剥夺我们的个性与价值观。在20世纪50年代中期最受欢迎的书籍中,有两本就反映了这方面的情况:一本是斯隆·威尔逊(Sloan Wilson)的小说《穿灰色法兰绒西装的人》(*The Man in the*

---

[1] "Radio Address to the American People on the National Security and Its Costs", May 19, 1953, PPP, 1953, doc. 82, p. 310.
[2] 亚历克斯·罗兰曾专门讨论过艾森豪威尔对军工复合体概念的前身"兵营国家"的担忧。参见 Alex Roland, "The Grim Paraphernalia: Eisenhower and the Garrison State", in Dennis E. Showalter, ed., *Forging the Shield: Eisenhower and National Security for the 21st Century* (Chicago: Imprint Publications, 2005), pp. 13—22.

Grey Flannel Suit）；另一本是威廉·H. 怀特（William H. White）的小说《组织人》(The Organization Man)。前者讲述的是美国公司中毫无灵魂的呆板生活；后者则讲述了大企业对人格、个性的支配，它还被改编成一部广受欢迎的电影，由格雷戈里·派克（Gregory Peck）主演。

与此相关的另一种担忧是，电视和广告的灌输能力可能过于强大。知识分子担心，对公众意见的研究可能深入到监控甚至操纵个人的地步。广告业高管公开谈论将大众心理学技术应用于公众，创造出通过利用人类需求而不必满足他们的消费行为。艾森豪威尔政府第二个任期的首席演讲撰稿人马尔科姆·穆斯（Malcolm Moos）担心，这些方法将会被人们运用到政治过程中。"越来越多的公关和广告人员在政治竞选中发挥了重要作用。这种情况引发了许多疑虑。广告或公关人员对我们党的重要性绝不可低估，因为这些专业人士已经成为使用大众传媒的行家里手。"穆斯在1956年出版的一部著作中写道。[1]

将美国精英及其对美国民主的影响呈现得最淋漓尽致的，当数社会学家C. 赖特·米尔斯。在1956年出版的《权力精英》一书中，他系统地列出了集中在少数几个社会阶层的权力中心，尤其是商界、军界和政府。米尔斯担忧的是，美国社会已经出现了分裂，一边是控制力越来越强的精英阶层；另一边是与精英阶层几乎没有认同、对其几乎没有任何影响力的大众社会。不用说，这是民主国家的一种破坏性的新动向。米尔斯是这十年来对精英操纵现代美国社会公民话语权进行批判的人中最尖刻、最悲观的一位："公共关系和国家机密、卑琐化的竞选和通过拙劣的行动铸成的可怕事实，正在取代当今美国私营的公司化经济、军界支配地位和政治真空这三方面相关政见的理性辩论。"[2]

---

[1] Malcolm Moos, *The Republicans: A History of Their Party* (New York: Random House, 1956), p. 495.

[2] Mills, *Power Elite*, p. 361.（对于这句话的前半句，没有读过《权力精英》的读者可能有些不明所以。此处之所以出现"公共关系"一词，是因为作者认为个人之间的关系已经变成公共关系的一部分，只有这样才能在公共生活中实现个人的成功，因此一切都处在公共关系的迷宫之中。"国家机密"指的是一切以国家机密为幌子，直接否定公众的知情权和参与权。"卑琐化的竞选"强调的是现代政治领导人只是一群平庸的政客，而非像华盛顿、杰斐逊、林肯这样真正的政治领袖。"通过拙劣的行动铸成的可怕事实"指的是高层由于没有知识、没有理性，因而只能——也只会——并洋洋自得地通过权谋术之类蠢笨的方法来达到自己的目的，并为最后造成的事实——赤裸裸的专横的强权等——自鸣得意，殊不知这样的事实恰恰给美国带来了极大的危害。在这种情况下，"当今美国私营的公司化经济、军界支配地位和政治真空这三方面相关政见的理性辩论"的空间自然因此而日益萎缩。这方面的具体分析见《权力精英》第十五章"高层的不道德"。——译者注）

像上文提到的艾森豪威尔同拉斯韦尔和兵营国家这两者的关系一样,没有迹象表明,艾森豪威尔本人读过米尔斯的著作(尽管穆斯肯定读过)。然而,《权力精英》中有些段落的主题与艾森豪威尔的告别演说相当接近,以至于让人不得不诧异,米尔斯本人竟没有创造出"军工复合体"这个短语。本章用米尔斯像是先于艾森豪威尔预见到"军工复合体"的一段话作为开场,现在再让我们用艾森豪威尔像是呼应米尔斯的一段话来结束它:

> 今天,一个人孤零零地在自己的作坊里小打小敲的发明家,在实验室和试验场的科研团队面前,已经黯然失色。历史上作为自由思想和科学发现之源的自由大学,在研究方面也经历了一场同样的革命。部分由于科学研究需要投入巨额费用,获得政府合同事实上已经取代了对知识的好奇。以前我们用的是一块旧黑板,如今则是数百台新的电子计算机。联邦政府通过就业、分配项目和资金力量来左右全国学者的危险无时无刻不在,我们必须严肃对待。但是,我们在尊重科学研究和科学发现——我们也应该尊重科学研究和科学发现——的同时,必须警惕公共政策本身可能成为科技精英的俘虏这一同等的反向危险。

第三章 战争、和平与艾森豪威尔

艾森豪威尔人生中最大的讽刺之一,是出生于秉持和平主义的基督教门诺派(Mennonites)家庭,父亲戴维·艾森豪威尔(David Eisenhower)和母亲伊达·艾森豪威尔(Ida Eisenhower)均是基督教友爱会(Brethren in Christ)的成员。友爱会成立于18世纪宾夕法尼亚州的德裔区[1],主张和平,反对战争。艾森豪威尔祖上于18世纪40年代定居在这个德国人聚集区,他本人则于1890年出生在堪萨斯州的阿比林(Abilene)。艾森豪威尔家不允许饮酒、吸烟、打牌和说脏话,战争也被视为罪恶。艾森豪威尔兄弟几人就是在这样的家庭里长大的。艾森豪威尔的母亲伊达是一位自学成才的圣经学者,按斯蒂芬·安布罗斯(Stephen Ambrose)的说法:"她从小就听了无数关于战争(美国内战)的可怕故事,这些故事强化了她的宗教信仰中的和平主义。"[2]当艾森豪威尔还是个孩子的时候,就开始对军事历史表现出如饥似渴的兴趣,甚至到了忽视家务和学业的地步,母亲为此烦恼不已,甚至力图把家里的历史类书籍锁在一个壁橱里。

如果有人认为艾森豪威尔的成长经历让他对战争有着根深蒂固的厌恶,那

---

[1] 友爱会又称作"登卡尔派",由德裔美国人亚历山大·马克(Alexander Mack,1679—1735)创立于美国宾夕法尼亚州德国人移民村,属于门诺派分支。——译者注

[2] Stephen E. Ambrose, *Eisenhower: Soldier, General of the Army, President-Elect, 1890—1952* (New York: Simon and Schuster,1983),p. 16.

就有点幼稚了。但与许多军内人士不同,他在自己的军事生涯中,不管是在理智上还是在心理上,都对战争有着一种微妙的看法。当他搬进白宫时,其关于战争以及军队究竟应该扮演什么样的角色才算合适的看法,常常会与他人的意见发生冲突,而他自己本身的各种看法也可能相互矛盾。

意外从军后的军旅生涯

艾森豪威尔早期的军事生涯默默无闻,几乎看不到他日后将会功成名就的一丝迹象。1915年以中等成绩从西点军校(West Point)毕业后,他被派往圣安东尼奥(San Antonio),在一所军事学院担任足球队教练。[1] 令他沮丧的是,由于美国参加第一次世界大战时间相对较短,所以他从未见过战斗是什么样子。其间,他在陆军部一家官僚机构任职,工作甚是失意,因为该机构似乎只看重他的行政能力。1922年,艾森豪威尔前往巴拿马服役。在巴拿马期间,他开始与福克斯·康纳(Fox Conner)和乔治·巴顿(George Patton)等军中同僚建立联系,后来事实证明,这些联系是有价值的。20世纪20年代早期,艾森豪威尔在美军战争学院(War College)深造,然后被派往欧洲工作了15个月,派给他的任务是编写一本关于第一次世界大战战地纪念的手册(这项任务令他的妻子玛米甚是高兴,她非常喜欢巴黎,不喜欢巴拿马)。

1929年底,艾森豪威尔少校——这一军衔竟然保持了长达16年之久,真是令人惊讶——接到了两次大战之间职业生涯中耐人寻味的任务之一:作为他在战争部的一项职责,受命撰写关于"工业动员"的系列报告,也就是研究如何调整美国经济以便其战时发挥最大限度的军事效能。次年,国会成立战争政策委员会(War Policies Commission),研究牟取暴利与战争之间的关系,着眼于可能通过一项宪法修正案,禁止私营公司从军火中牟利,并允许政府在发生战争时征用私人财产。在1930年和1931年的大部分时间里,艾森豪威尔在战争部规划战争工业动员,并从战争部的角度为战争政策委员会提供必要的信息。

---

[1] 艾森豪威尔中学时期擅长体育,尤其是足球。在各门功课中,历史成绩最好,其他各科成绩平平。中学毕业后,在一位朋友的极力怂恿下,艾森豪威尔于1911年考入西点军校。艾森豪威尔最后下定决心报考军校,主要看中了两点:其一,军校是公费学校,一切均无须自己掏钱;其二,军校有机会踢足球。因此可以说,他进入军界纯属偶然。——译者注

为艾森豪威尔立传的作家,往往都会对他的这段经历一笔带过,除了指出这是他第一次与陆军新任参谋长道格拉斯·麦克阿瑟(Douglas MacArthur)直接共事外,似乎没有什么值得一提的地方。[1]诚然,尽管战争政策委员会于1931年在华盛顿轰轰烈烈地举行了多次听证会,但实际上几乎没有取得任何成果,恰如斯蒂芬·安布罗斯所写的那样,这项工作"完全脱离了实际环境"[2]。然而,这项任务却把艾森豪威尔置于战争暴利政治的中心。当时,成立这个委员会是为了安抚"一战"老兵和美国退伍军人协会(American Legion)日益尖锐的声音,他们要求实行普遍征兵制,将其作为重新分配战争负担的一种方式,并要求对军事承包商征收超额利润税或直接将其国有化。[3]

艾森豪威尔对这项任务充满了热情,他的足迹遍布全国,甚至踏入了墨西哥。艾森豪威尔善于把握细节,对供应战争物资的各行各业的钻研细致入微。他不仅把那些与作战明显相关的公司,如坦克和枪支制造商纳入考虑范围,还将更一般性的企业,尤其是橡胶生产商,也纳入了视野。美国军方对橡胶——轮胎、坦克履带、密封件、垫圈、管道、减震器都得用它——有着巨大的需求,他们担心,大部分来自东印度群岛(East Indies)的橡胶供应,在战时可能因海上封锁而被切断。到1930年,艾森豪威尔对橡胶生产的各个方面都已经非常精通,还撰写了一篇长篇论文,探讨如果和平时期橡胶来源大幅减少,应如何找到替代供应。这段经历似乎对20年后他关于应如何开展世界贸易的看法也产生了极大的影响。1950年他前往巴黎组建北大西洋公约组织(NATO)时,有位朋友痛惜道,尽管这位未来的总统认识到了建立自由贸易体系的必要性,但他之所以有这种认识,几乎完全是因为他"似乎一心想着美国从海外获取钨和其他战略物资在军事上的重要性"[4]。正如约翰·刘易斯·加迪斯(John Lewis Gaddis)所说的,艾森豪威尔一入主白宫,"记者招待会上[有关贸易方面]的提问,就总是引发总统大谈特谈海外锰、钴、锡、钨的极端重要性,其措辞像极了后来出现的新左派

---

[1] 这方面有一个重要例外,那就是克里·E. 埃瑞希。参见 Kerry E. Irish, "Apt Pupil: Dwight Eisenhower and the 1930 Industrial Mobilization Plan", *The Journal of Military History 70* (January 2006), pp. 31—61。

[2] Ambrose, *Eisenhower*p, 92.

[3] 斯图尔特·迪安·布兰代斯在《枪炮喂出的肥猪:美国的战争利润史》一书中,对战争政策委员会的政治活动和具体工作做了很好的概括,具体可见 Stuart Dean Brandes, *Warhogs: A History of War Profits in America* (Lexington: University Press of Kentucky, 1997), pp. 205ff。

[4] Charles J. V. Murphy, "The Eisenhower Shift", *Fortune*, January 1956, p. 85.

第三章
战争、和平与艾森豪威尔

美国资本主义批评人士使用的语言,令他们十分欣慰"[1]。

工业动员所提出的问题,比橡胶供应的事要大得多,也要复杂得多。与战争经济的批评者一样,军方也认识到,一国之军事和经济彼此相互依存。1930 年,艾森豪威尔替他的上司、战争部部长助理弗雷德里克·佩恩(Frederick Payne)写了一篇文章,发表在《陆军军械》(Army Ordnance)杂志上。文章称:"在今天,如果面临严重的军事紧急状态,国家必须像对待陆军、海军的作战能力那样,迫切关注自己生产作战武器的能力。"[2]艾森豪威尔在为陆军工业学院(Army Industrial College)撰写的一篇关于采购与动员的历史论文中指出,战时工业动员计划"要有价值,就得是一个陆军、海军和商界人士的联合行动计划"[3]。

因此,战时的工业动员显得至关重要。但动员究竟包括哪些方面?大公司的总裁要不要身居军中要职,并强制按照军令生产?是否有必要建立一个"超级机构",就像第一次世界大战时期的战争工业委员会(War Industries Board)那样,让其拥有独立于战争部的采购作战物资的权力?20 世纪 30 年代,军方并不想这么做。相反,他们力图通过订立一系列"君子协定"的办法来解决这个问题。根据这种协定,个体企业承诺,在紧急情况下,它们得把自己 50% 的生产能力用于满足军事需求,必要时还得在如海上保险、造船和电力等敏感经济领域创建"政府公司"。

价格控制是工业动员的另一个关键所在。艾森豪威尔和他在战争部部长助理办公室的同事们明白,对各类产品(尤其是橡胶、锡、镍、碘和锰等进口产品)的军事需求日益增加,会导致这些产品出现短缺。短缺反过来又会导致产品价格大幅上涨,正如艾森豪威尔少校所言:"战争中物价一旦开始上涨,就会以令人眩晕的螺旋形式冲到人们无法承受的高度,从而极度削弱全体民众的士

---

[1] John Lewis Gaddis, *Strategies of Containment* (修订补充版, New York: Oxford University Press, 2005), p. 130。

[2] Frederick H. Payne, "Fundamentals of Industrial Mobilization", *Army Ordnance* 11 (July-August 1930), pp. 7—8.

[3] "Brief History of Planning for Procurement and Industrial Mobilization", October 2, 1931. 再版载于 Daniel D. Holt and James W. Leyerzapf, eds., *Eisenhower: The Prewar Diaries and Selected Papers, 1905—1941* (Baltimore: Johns Hopkins University Press), p. 184。

气。"[1]因此,联邦政府自然不得不控制生产和定价,也只有由它来做这件事,因为没有其他实体具有足够的权力和权威。此外,动员计划要求将全国划分为"14个采购区",每个采购区设置一名负责人,执行来自总统和战争部的命令。[2]该计划实际上将武装部队总司令置于整个国家产品供应链的最顶端。

在艾森豪威尔看来,这是一种恶劣的、危险的经济组织方式,只有在宣战之后的紧急状态下,才有正当理由这么做。和平时期实行这类限制,会践踏宪法保护[3]和自由市场原则。在他今后的整个人生中,艾森豪威尔始终将和平时期保持商业和军事之间分离的重要性牢记在心。

"我们将让国家倾家荡产"

艾森豪威尔作为盟军最高指挥官,其在第二次世界大战中的地位是空前的。以往从来没有谁对军队的所有部门拥有过如此广泛的权力,从来没有谁在洲际范围内成功地行使过这种权力。处在这么高的位置上,艾森豪威尔对军事的组织、效能和效率自然就有了独一无二的视角。他在国家安全、军事组织、军事预算和军事战略等问题上的造诣无人——国会中的军事监督机构、陆海空三军上将乃至白宫工作人员——能及。

然而,艾森豪威尔在战争及作战机构的运转方面获得的经验,也让他在武装部队如何支付酬劳、如何部署以及如何供养的问题上,形成了一套另类的、经常引起争议的见解。此外,空中力量、原子武器以及突然到来的冷战,从根本上改变了人们关于美国军队及其在世界上的地位的几乎所有假设。任何人不论是否同意他的观点,艾森豪威尔都会在同他谈话时把自己作为指挥官在军事上的权威摆上台面,这一点在他成为总统之后只增不减。但问题在于,时过境迁,战前的那些老准则在新的环境下并不一定适用。

---

[1] "Fundamentals of Industrial Mobilization", memorandum from Eisenhower to Frederick H. Payne, June 16, 1930. 转载自 Daniel D. Holt and James W. Leyerzapf, eds., *Eisenhower: The Pre-war Diaries and Selected Papers*, 1905—1941, p. 141。

[2] The 1930 Industrial Mobilization Plan, National Archives and Records Administration, RG-107, Box 12, File 110, p. 54.

[3] 宪法保护(constitutional protections),是指宪法所保障的公民享有言论、出版、宗教信仰自由以及正当法律程序保护等基本权利。——译者注

第三章
战争、和平与艾森豪威尔

艾森豪威尔关于战争和军事的观点——这些观点在他进入西点军校时即开始萌芽,但直至第二次世界大战结束时才完全成型——值得深入探讨。试以核武器为例。艾森豪威尔在军队和政府中的许多同僚认为,原子弹是结束对日战争的有效办法。对此,艾森豪威尔最初并不认同。

在1945年的波茨坦会议(Potsdam Conference)上讨论如何瓜分战后欧洲期间,许多当事人已经讨论起了原子弹的研制问题。艾森豪威尔是从曾负责曼哈顿计划(Manhattan Project)的战争部长亨利·史汀生(Henry Stimson)那里得知这项计划的。"我希望,我们永远不必对任何敌人使用这种武器,因为我不喜欢看到美国带头把这种在人们的描述中如此可怕、破坏力如此巨大的新式武器引入战争。"艾森豪威尔几年后回忆说:"此外,我还错误地抱有一丝微弱的希望,以为只要我们永远不在战争中使用核武器,那么其他国家就不会知道核裂变问题已经得到解决。我那时自然不知道,有一大群科学家一直在参与制造这种武器,因而我们在这一重大问题上不可能守得住秘密。"[1]当然,一旦入主白宫,他的观点就会有所缓和,但这种本能反应正好说明,艾森豪威尔不是从狭隘的战术意义上看待武器,而是从武器如何影响总体力量平衡这个角度来看待它们。

艾森豪威尔在当选总统前后的写作中,有一个主题反复出现,那就是美国需要有一个合理的军事政策,以平衡陆海空三军的职责、预算和角色。他在第二次世界大战中担任盟军指挥官的经历让他相信,今后美国战争需要三军协同作战;同时让他懂得,三军内部的争权夺利、钩心斗角和特例诡辩,都是在不断浪费时间、金钱和精力。在1945年写给家乡友人、终身笔友"瑞典佬"黑兹利特("Swede" Hazlett)[2]的一封信中,这位未来的总统指出,若要做出正确的决策,纳税人和文职政府都需要对军事需求和军费开支有一个恰当的全面了解。"既然战争是一件涉及陆海空三军的大事,除非全部三军的总体年度计划打包成一个整体提交给你,否则你——无论是作为个人还是作为国会下属的某一委员会主席——怎么能对这件事做出判断?你难道不需要知道是否有地面部队来配

---

[1] Dwight D. Eisenhower, *Crusade in Europe* (Garden City, New York: Doubleday, 1948), p. 443.

[2] "瑞典佬"黑兹利特,本名爱德华·E. 黑兹利特(Edward E. Hazlett, 1892—1958),是前文注释中提到的说服艾森豪威尔申请军事院校的那位朋友,"瑞典佬"是艾森豪威尔给他取的绰号。黑兹利特是艾森豪威尔的终身挚友,艾森豪威尔在担任总统期间,经常给黑兹利特写信透露心声,分享自己在内政外交方面的思考。——译者注

合海军和空军，不需要知道是否有海军来配合其他两个军种？如果每个军种的成员——请记住，每个军种的自豪感和团体精神都一样强烈——都单方面找你并请求支持，我看不出你怎样才能做到平衡。"[1]

在1949年写给"瑞典佬"的另一封信中，艾森豪威尔再次提到军费开支和整体公共利益的问题。在信中，艾森豪威尔——时任哥伦比亚大学校长，从1948年到1953年担任此职——对看似无法做到在讨论武器系统是否物有所值时不被指责为反对军方甚是沮丧。他写道："当前的任务是，让每个人都从国家利益这个唯一的角度——而且不带任何不合理的、支持某种特定看法或武器的偏见或偏好——来探讨这些问题。这一任务确实困难。""我敢肯定，除非我们很快找到解决这个问题的合理办法，否则我们将让国家倾家荡产，而不会增强其防御力量。"[2]他接着说道："在华盛顿，这个问题已经无法进行心平气和的理性讨论，你一说到这个问题，对方就是一副论战的架势。如果有人对B-36的巨大效能表示怀疑，马上就会被扣上'反对空军'的帽子；如果有人看到鼓吹使用超级航母的理论中的缺陷，或者对海军在战争时期建设一支拥有60万海军陆战队队员的陆上部队（第二次世界大战期间就是这样）稍有异议，就被说成'反对海军'。这一切都令我非常苦恼。"

艾森豪威尔这时开始系统阐述自己的经济原则，这些原则虽然在他此前的文字作品中只是轻描淡写，但与他的底色背景和他有望今后在共和党内取得成功完全吻合。（罗斯福在任期间，他一直都是罗斯福的支持者，民主党也曾拉拢他，但作为一位来自中西部的、坚定的亲商派人士，假设他真的成为民主党人，那么在20世纪50年代或之后任何一个10年中，他的日子都不会很自在。）

艾森豪威尔在担任哥伦比亚大学校长期间，针对社会主义者和共产党人对私营企业提出的诸多批评，为私营企业进行过一次笼统的哲学辩护。在1948年位于纽约的罗斯福酒店（Roosevelt Hotel）举行的一次午餐会上，他对1 200名销售人员说："我们的制度建立在这样一个观念上，每个人都是独立的个体，都享有

---

[1] Letter from Dwight Eisenhower to Everett E. Hazlett, November 27, 1945. 载 Robert W. Griffith, ed., *Ike's Letters to a Friend*, 1941—1958 (Lawrence: University Press of Kansas, 1984), pp. 27—31.

[2] Letter from Dwight Eisenhower to Everett E. Hazlett, April 27, 1949. 载 Robert W. Griffith, ed., *Ike's Letters to a Friend*, 1941—1958 (Lawrence: University Press of Kansas, 1984), pp. 53—55.

人格尊严和某些不可剥夺的权利。""有人一直说,我们维护自由企业制度中的财产权,以此反对人权。我认为这是错误的说法。拥有财产的权利只是人权中的一项,一旦丧失财产权,其他一切权利也会随之丧失。废除财产权最终意味着独裁。20世纪30年代初,我们因为出现大量失业而受到批评。人们举此为证,对资本主义制度大加谴责。但那些人并没有从事强迫劳动,也没有生活在皮鞭和刺刀之下。诸位商界人士可以向世界证明,一个自由民主的国家能够而且应该在这块大陆上继续屹立。"[1]

我们固然可以将这次午餐会上的发言看作专为助力艾森豪威尔总统竞选而打造的一场政治"样板戏",但也可以将其视为艾森豪威尔对自己经济自由观所作的一次由衷的表达。有趣的是,午餐会上第二位发言者是来自华盛顿州的著名银行家、共和党人W.沃尔特·威廉姆斯(W. Walter Williams)。他警告说,美国在积极应对冷战之际,轻率的军费开支可能带来经济上的威胁:"我们必须有效地武装起来,但这一计划对我们的经济有着严重影响。没人知道重整军备的成本是多少,但有人估计会达到300亿美元。这对我们的税制结构会产生什么影响?我们是否会面临赤字财政?还有一个问题,如果我们生活在一个兵营国家,我们的自由将会怎样?"艾森豪威尔在多大程度上同意这些观点,人们当然只能靠猜。但值得注意的是,艾森豪威尔自1953年就任总统后,随即任命威廉姆斯为商务部副部长。

收支平衡及财政预算

说艾森豪威尔在公共政策上总是寻求平衡,已经是老生常谈,甚至近乎陈腔滥调。但即便如此,将他的两个总统任期框定为某些非常重要的平衡,还是颇有价值的。这其中首先便是国家安全开支和财政责任之间的平衡。

在现代历史上,很少有哪位总统碰到过艾森豪威尔上任时面临的局面:美国经济的全面去军事化。第二次世界大战结束之际,美国经济尚处在围绕大战运转的状态。金融部门完全被困在为战争提供资金当中;工业部门完全参与生产战争物资;大量劳动力要么受雇于围绕战争需要的制造业,要么直接受雇于军队

---

[1] "Eisenhower Backs Property Rights", *New York Times*, September 22, 1948.

本身。

即使杜鲁门政府把经济去军事化摆在最优先的位置，作为政府的头号工作，那也是一项需要很多年才能完成的任务，而朝鲜战争一爆发，这么做就几乎全无可能。杜鲁门最后三年任期内，军事预算从1950年的130亿美元增加到1953年的500多亿美元，使得联邦政府的预算几乎翻了一番，是现代联邦开支史上增长速度最快的时期之一。[1] 艾森豪威尔上任时，白宫财政预算主管将联邦政府开支拆解为三大类：国家安全开支；几乎无法削减的大项，如偿债、价格补贴和退伍军人福利等；其他所有开支。其中，第一类开支占了联邦政府全部支出的近三分之二。

国会并没有广泛意识到政府债务负担究竟有多重。艾森豪威尔自己所在的政党给他施加了极大的减税压力。共和党人已经有20年没有掌握行政权力，他们急于让国家回到新政和第二次世界大战期间被抛弃的财政优先和有限政府的梦想上来。但鉴于朝鲜战争持续不断的开支，减税势必会让赤字进一步恶化。即将离任的杜鲁门政府1952年和1953年的预算赤字超过了130亿美元，1954年度财政赤字估计又将达到100亿美元。艾森豪威尔的顾问们确信，实际情况将比这要糟糕得多：他们发现了无资金来源的开支授权（unfinanced authorization）——主要用于为朝鲜战争重整军备，这些授权一直可以追溯到1950年，这笔债务高达令人难以置信的810亿美元。[2]

艾森豪威尔一生信奉平衡预算和尽量减少联邦政府对经济的控制。要在这些目标上取得进展，就必须削减军事拨款。他早期的预算顶着国会的巨大压力，大幅度削减了政府开支。1953年朝鲜战争逐步结束，数十万人从部队退役，从而使削减国防预算成为可能。但这也对美国经济产生了抑制作用，那一年的年中，经济便陷入衰退。1954年1月，美国失业率达到6%。

艾森豪威尔政府内部有两个从根本上对立的派别：一派与总统的目标相同，主张平衡预算；另一派则认为，政府不应舍不得花钱，用于同苏联及其盟国进行军事较量的任何费用都不应节省。平衡预算阵营包括预算主管约瑟夫·道奇（Joseph Dodge）和财政部长乔治·汉弗莱（George Humphrey），军事阵营包括国

---

〔1〕 Chester J. Pach Jr., and Elmo Richardson, *The Presidency of Dwight D. Eisenhower* (Lawrence, Kansas: University Press of Kansas, 1991), p. 53.

〔2〕 数据引自Murphy,"Eisenhower Shift", p. 87。

务卿约翰·福斯特·杜勒斯(John Foster Dulles)和国防部长查尔斯·E. 威尔逊(Charles E. Wilson,正如前文所见,他是战争经济论的其中一位早期设计师)。[1] 艾森豪威尔从执政的第一天起,就坚持要"从成本角度"重新评估所有"基本的国家安全政策与计划"。为此,他甚至把财政部长和预算主管都加进了国家安全委员会(National Security Council)。

威尔逊——绰号"发动机查理"(Engine Charlie),以区别于通用电气前首席执行官"电气"查理·威尔逊("Electric" Charlie Wilson)[2]——是一位直言不讳的阁员,掀起过很多不必要的风波。一位记者在1953年年中特别提到,他"瓷器店里的公牛行为,继续困扰着白宫工作人员"[3]。在该年秋天一次争论不休的会议上,他明确亮出自己的底牌:"如果我们去告诉美国人民,我们正把平衡预算置于国防之前,那可就糟了。"不过,政府的选择大体上也确实如此,尽管它从未如此赤裸裸地公开表达过自己的选择。总统认为,如果只是某个地方或某件事情声称属于军事上的需要,便把钱花在这个地方或这件事情上,美国就会使自己经济破产并/或摧毁自己的自由,摧毁它花钱来维护的那些自由。约翰·刘易斯·加迪斯曾提到,限制军费开支以维护美国的经济自由,"可能是艾森豪威尔在白宫期间不论是公开场合还是私下场合都表达得最执着的唯一的主题"[4]。

新面貌

艾森豪威尔政府的国家安全政策取向经常被冠以"新面貌"(New Look)标签,该取向旨在提升财政稳健的军事力量,支持海外的非共产主义盟友,并在共产党人试图施加影响的地区同共产党人展开竞争。"新面貌"各项原则被编进了

---

[1] 此处对艾森豪威尔政府内部分歧的讨论得益于H. W. 布兰兹于1989年撰写的论文《脆弱的时代》,具体参见H. W. Brands, "The Age of Vulnerability: Eisenhower and the National Insecurity State", *American Historical Review*, Vol. 94, No. 4 (October 1989), pp. 963—989.

[2] 此处,国防部长威尔逊全名为查尔斯·埃尔文·威尔逊(Charles Erwin Wilson, 1890—1961),曾任通用汽车第二任总裁;通用电气的威尔逊全名为查尔斯·爱德华·威尔逊(Charles Edward Wilson, 1886—1972)。——译者注

[3] Charles J. V. Murphy, "Eisenhower's White House", *Fortunes*, July 1953, p. 176.

[4] Gaddis, *Strategies of Containment*, p. 132.

一份名为 NSC162/2 号的秘密文件,该文件于 1953 年 10 月获得政府批准。[1] 今天大多数历史学家认为"新面貌"成败参半,核武器的发展以及美国在中东和拉丁美洲地区的影响所面临的挑战日益严峻,使政府的目的变得混乱不堪。但"新面貌"有一个至关重要之处,也是同上届政府核政策相比的重大转变之处,那就是,即使在以常规武器开始的冲突中,它也考虑报复性使用核武器。专家称之为"不对称反应"(asymmetric response)。国务卿杜勒斯在 1954 年的一次讲话中做了一个更巧妙的总结,坚决主张要有针对所谓共产党"侵略"的"大规模报复"能力。[2]

"新面貌"虽然包含几分战略原理,但该政策的出台主要还是基于经济上的考虑。NSC162/2 号文件的主要目标之一,是"避免严重削弱美国经济或破坏我们的基本价值观和基本制度"[3]。将美国的安全保证转向威胁采取大规模核武报复,是一种省钱的办法,因为核战争不需要依赖像地面战争或海上战争那么多的兵力。据此,同上年度相比,政府 1955 年的财政预算削减了 50 亿美元的国防开支,因为陆军大约裁掉了 50 万人。(空军因此相对加强,20 世纪 50 年代中期,其在国防预算中的份额上升到接近一半,因为这支部队想必会承担起对苏联发动核打击的任务。)这些削减在国会和军队中都遭到了激烈反对。在国会,来自密苏里州的民主党参议员、曾担任空军部长的斯图尔特·赛明顿(Stuart Symington),反对尤其强烈。空军参谋长霍伊特·范登堡(Hoyt Vandenberg)在 1953 年国会作证时称:"过去几个月来,大量多少有些彼此矛盾的行政与财政措施,在空军内部以及第二次世界大战结束后开展军队复员以来的相关活动中,酿

---

[1] 有关国家安全委员会 NSC162/2 号文件背后的理论基础及其影响方面的有益讨论,可参见 Brands,"Age of Vulnerability"; Pach and Richardson, *Presidency of Dwight D. Eisenhower*, chapter 4; Gaddis, *Strategies of Containment*, chapters 5—6; Ira Chernus, *Eisenhower's Atoms for Peace* (College Station: Texas A&M University Press, 2002), pp. 56ff; and Warner R. Schilling, Paul Y. Hammond, and Glenn H. Snyder, *Strategy, Politics and Defense Budgets* (New York: Columbia University Press, 1962).

[2] John Foster Dulles,"The Evolution of Foreign Policy", Before the Council of Foreign Relations, New York, Department of State, Press Release No. 81, January 12, 1954.

[3] NSC162/2,"A Report to the National Security Council", October 30, 1953, p. 1. NSC 162/2 号文件副本可以在美国科学家联合会网站上找到,网址为:http://www.fas.org/irp/offdocs/nsc-hst/nsc-162-2.pdf.[最新网址为:NSC 162/2: A Report to the National Security Council by the Executive Secretary on Basic National Security Policy (fas.org)。——译者注]

成了极度的无常和混乱。"[1]

因此,"新面貌"政策虽然表面上是对国家不断增长的债务和苏联不断上升的威胁的合理应对,但既没有得到整个内阁的拥护和国会关键领导人的赞成,也没有获得众多军方高层的支持。此外,"新面貌"战略使美国不得不长期依赖核武器,这样便加速了美国与苏联之间的军备竞赛,结果就如 H. W. 布兰兹(H. W. Brands)所言:"让美国受到的威胁更多了,而不是更少了。"[2]

然而,对核武器的依赖带来的影响远远超出了纯粹的经济或军事范围。"新面貌"政策让美国置身于同北约和其他海外盟友之间的长期合作;让美国费尽心机采取各种隐蔽行动,来应对虚虚实实的苏联威胁;让美国积极介入全球范围内哪怕是微不足道的争端,以免这些争端被苏联或其他敌人利用。但这里面最重要的影响也许是对公共舆论的重塑。从 1953 年夏开始,政府着手开展了一项绝密活动,该项活动最初被称为"诚恳计划"(Project Candor),旨在让美国公众了解生活在"危险时代"牵涉到的方方面面。[3] 计划内容十分广泛,其中包括由总统发表一系列演讲,警告公众威胁的严重性和与苏联冲突的长期性;拍摄一部电视连续剧;由宣传委员会(advertising council)发起一场宣传运动;开展一项公众意识计划,让公众认识到献血活动乃至防空洞的必要性。

在某种层面上,这样的宣传运动是有道理的。核威胁要有效,给人的感觉就必须既真实又可怕。但与此同时,它在心理上产生的影响又与"安全"这个概念本身完全不符。艾森豪威尔在 1955 年的一次记者招待会上明确表示,只要符合美国利益,任何情况下他都同意考虑使用核武器。他说道:"我看不出有什么理由不该使用它们,这同使用子弹或其他任何武器没有两样。"[4] 艾森豪威尔政府这么一来,不仅把美国人民吓得魂不附体,也把盟国和潜在的盟国吓得心惊胆战。不难想象这样的场景:一旦自己不幸成为美苏军事对抗的前沿阵地,原子弹就会落在它们的土地上。这些绝非抽象或空洞的威胁,甚至在正式通过

---

[1] Department of the Air Force Appropriations for 1954, Hearings before the Committee on Appropriations, House of Representatives, 83rd Cong. , 1st Sess. (Washington, 1953), p. 961.

[2] Brands, "Age of Vulnerability", p. 989.

[3] 有关"诚恳计划"的解密文件,最早一份日期注明为 1953 年 7 月 22 日,这份文件如今在艾森豪威尔图书馆中可以找到。Eisenhower Library:White House Office, National Security Council Papers, PSB Central Files Series, Box 17, PSB 091. 4 U. S. (2).

[4] "President Says Atom Bomb Would Be Used Like 'Bullet'", *New York Times*, March 17, 1955.

NSC162/2号文件之前，艾森豪威尔就向印度暗示美国要对中国使用原子武器，以此获得中国有限的合作来结束朝鲜战争——他知道印度人会把这一消息传给中国和苏联。[1]许多历史学家在这一点上对艾森豪威尔政府做出了相当严厉的批评，有些人直指这是一种"末世管理"（apocalypse management）政策或"国家不安全状态"（national insecurity state）建设。[2]蓄意恐吓美国民众的政策不容易控制，当反对艾森豪威尔政府的人利用民众的恐惧来控诉政府几乎没有采取什么行动以抗衡所谓的苏联军事力量时，政府就被自己搬起的核威胁这块石头砸了脚。

和平的机会

艾森豪威尔政府的核政策大部分无疑是政府必然会采取的。艾森豪威尔是第一位任职期间完全被冷战框定的总统。尽管在其担任总统之前，美苏之间已经关系紧张，但艾森豪威尔政府是第一届不得不努力应对苏联核武库将赶上甚至超过美国这一现实前景的白宫政府。1953年8月，苏联引爆了一枚氢弹，白宫的主人不管是谁，都会深感震惊。因此，艾森豪威尔政府时期发生在白宫内部的争论，不是要不要接受核武器的问题，而是要不要控制以及如何控制其成本的问题。对比当时摆在桌面上的其他战略选择——比如积极尝试"逐步削弱"（roll back）苏联对东欧的控制，或是派遣地面部队与中国作战，"新面貌"很难说得上是最具有对抗性的。

更重要的是，艾森豪威尔并不只是一个散布恐慌的人。作为总统，艾森豪威尔试图推动美国打开对苏联及其盟友的外交大门，这是他需要妥善把握的第二个重要的平衡。艾森豪威尔1953年初上任时，美苏关系的长期冰点状态尚未板上钉钉。1953年3月约瑟夫·斯大林（Joseph Stalin）逝世后，美国政府内部完

---

[1] Dwight D. Eisenhower, *Mandate for Change* (Garden City, New York: Doubleday, 1963), p. 81.

[2] 埃拉·切尔努斯曾一再使用"末世管理"一词。在2008年的一部著作中，书名用的就是《末世管理》(*Apocalypse Management: Eisenhower and the Discourse of National Insecurity*, Stanford University Press)，而在2002年的一本著作(*Eisenhower's Atoms for Peace*)中，"末世管理"则被用作该书的分析框架。很多人使用过"国家不安全状态"一词，但在推广应用该词方面立下首功的，当数H. W.布兰兹1989年撰写的论文《脆弱的时代》(Age of Vulnerability)。

全把握不定这时究竟是谁在实际掌控苏联。在这种把握不定中,依旧存留着两国关系解冻甚至是建立某些形式的合作的可能。苏联人昙花一现的和平倡议,为之进一步增添了希望:苏联领导人格奥尔基·马林科夫(Georgi Malenkov)开始谈论"和平共处"(peaceful coexistence),并提议举行东西方峰会。

艾森豪威尔和他的顾问们看到了机会,也看到这个机会可能稍纵即逝。于是便有了那篇非同寻常的关于自由、和平和经济问题的总统演讲——1953年4月16日在美国报纸主编协会(American Society of Newspaper Editors, ASNE)发表的《和平的机会》。这是艾森豪威尔就任总统后的第一次重要讲话。当时,不仅白宫工作人员,包括国务卿杜勒斯和即将离任的保罗·尼采(Paul Nitze)在内的国务院高级官员都参与了精心策划,付出了极大的努力。在精心策划的过程中,大家将它设计成一篇具有重大外交政策含义的重要讲话,一根向苏联伸出的几乎肯定会被对方拒绝的"橄榄枝",真实打算则是借此在全世界范围内获得宣传上的加分。正基于此,内部讨论时,大家就这次演讲的时机、演讲对刚开始起步的欧洲共同体谈判将会产生何种影响、对朝鲜停战谈判将会产生何种影响,以及美国在同意与苏联就更广泛的问题进行谈判之前,应该在多大程度上强调要实现东欧解放之类的目标等问题,展开了重大辩论。《和平的机会》准备之细致、讨论之充分、保密之严格,在尼采这里可见一斑。尼采除了对演讲的文字草稿提出具体的书面意见外,还就演讲的总体目标和一般注意事项写了一份满满4页纸的单倍行距的备忘录。在此过程中,他还咨询过各方面的欧洲外交官和联合国官员,其备忘录被列为绝密长达近30年。[1]

《和平的机会》演讲,用已经极为标准的冷战调子,描绘了一幅对比鲜明的画面,将世界划分为尊重自由的世界和不尊重自由的世界两大部分。但这篇演讲最引人注目的地方,不是对苏联的指责,而是总统关于旷日持久的冷战将会造成多么大的浪费、将令世界如何精疲力竭(恰巧他的政府正在为此做准备)的评说。艾森豪威尔认为,如果大西洋两岸日益僵硬的关系没有改变,苏联控制的地区也没有走向自由,以下就是最坏的情况和最好的情况:"最坏的结局就是原子战争。最好的结果也不过是,大家永远生活在恐惧和紧张之中,军备负担耗尽各国人民

---

[1] Memorandum, Paul Nitze to Secretary Dulles, "General Considerations Relating to the Draft Presidential Speech", April 2, 1953; John Foster Dulles Papers, EL, Draft Presidential Correspondence and Speech Series, Box 1, President's Speech April, 1953.

的财富和劳动，白费力气向美国制度、苏联制度或任何为这个地球上的人民实现真正富足和幸福的制度叫阵。"[1]

总统不仅认为战争是破坏性的、不可取的，而且认为即便是在和平时期，战争开支也占用了本可以更好地加以利用的资源。

> 制造的每一支枪、下水的每一艘军舰、发射的每一枚火箭，归根结底都是从那些饥无所食、寒无所衣的人那里偷来的。这个武装的世界不只是在消耗金钱，它还在消耗劳动者的汗水、科学家的天赋、孩子们的希望。
>
> 一架现代重型轰炸机的成本是：为30多个城市各建一所现代化的砖瓦学校；或是建造两座发电厂，每座发电厂都可以为一个拥有6万人口的城镇供电；或是建造两家设备齐全的优质医院；或是铺设大约50英里长的水泥路面。
>
> 我们购买一架战斗机要用50万蒲式耳的小麦。
>
> 我们购买一艘驱逐舰的钱，可以用来为8 000多人建造新家。
>
> 我再说一遍，这是这个世界至今一直在走的那条路上所能找到的最好的生活方式。但这根本不是任何真正意义上的生活方式。战争阴云笼罩着的，是吊在铁十字架上的人类。[2]

正如布兰奇·维森·库克(Blanche Wiesen Cook)让大家看到的那样，《和平的机会》演讲在全世界产生了巨大影响。演讲内容被记录下来，并翻译成小册子出版，政府每一架宣传机器都在大肆宣传。美国资助的东欧广播电台在演讲当天，每小时就会播报一次演讲摘要；在印度，我们用8种语言分发了10多万份传单。[3]在此之前，从未有哪位美国总统如此热情、醒目地提出结束与苏联紧张关系的愿景，坦率地批评军费开支的社会成本。自那以后，也鲜有总统如此做过。

这种气势磅礴的辞令远远偏离了总统在美国军队问题上的正常姿态，这就给我们带来了一个困扰不休的问题：他是真心的吗？这里有一个不容忽视的事

---

[1] PPP,1953,doc. 50,pp. 179ff.

[2] 此处所说的"那条路"，指的是双方之间业已形成的对抗。"所能找到的最好的生活方式"，就是前文所说的"最好的结果"。——译者注

[3] Blanche Wiesen Cook, *The Declassified Eisenhower* (New York: Penguin Books, 1984), pp. 180—181.

实,那就是,尽管演讲得到了广泛的赞扬,但政府几乎没有采取任何后续行动。诚然,几个月内,苏联领导层经过一番洗牌后,产生了一位喜欢对抗的强硬领导人——尼基塔·赫鲁晓夫(Nikita Khrushchev),这位领导人在许多方面像斯大林一样冷酷无情。但是,即便是在美国采取单方面行动就可以产生重大影响的地方——例如将裁军节省下来的资金注入用于国际援助和世界重建的基金,演讲中提到的目标也没有成为政府的优先事项。在后斯大林时代,美苏关系从未迎来解冻时期。

在这次演讲中,同艾森豪威尔有着密切合作的约翰·埃米特·休斯(John Emmet Hughes)怀疑总统当时是否真的在用心演讲。"在整个演讲过程中,他看上去面色苍白、病恹恹的,因为他前一天晚上食物中毒,身体一直不舒服。但过了这么长时间,他都没有表现出要重拾那次演讲的精神或承诺的任何迹象,因此,我大脑中冒出了一个牵强附会的想法:他的行动几乎就像是那件事本身给他留下了什么不愉快的后遗症。"[1]这也许是一位前幕僚愤愤不平的苦涩回忆,但当时的普遍看法是,政府并不想以实际行动回到《和平的机会》阐述的主题。美国政府驻联合国大使亨利·卡伯特·洛奇(Henry Cabot Lodge)在访问美国西部各州回来后,告诉白宫的工作人员:"我到处都听到这么一个重要的批评——我们承诺要对国外采取行动,但我们似乎一直都没有信守承诺。人们普遍觉得,去年4月意义深远的声明没有后续行动。"约翰·刘易斯·加迪斯和汤姆·威克(Tom Wicker)均得出结论说,尽管艾森豪威尔言辞高尚,但他在1953年并不愿意真心与苏联接触,因为他担心,这样会给后斯大林时代的苏联领导人树立过高的权威。他乐得借此让他们争吵不休。

这是那些为艾森豪威尔立传的作者们经常遇到的矛盾,而且很少能得到圆满解决。然而,总统在原子武器问题上明显的矛盾心理也许有一个简单的解释:核武器太新、太可怕、破坏力太大,以至于在1953年,任何人都不知道美国究竟该如何对待它们。《和平的机会》是一篇家喻户晓的演讲,有许多证据表明,艾森豪威尔在这篇演讲中真诚地相信,核国家会同意禁止使用核武器,并能有效地将其移交给国际管制机构。艾森豪威尔在1953年最后一天给C. D. 杰克逊(C. D. Jackson)写了一封信,这封信读起来给人的感觉是他当时似乎非常气恼。信中

---

[1] John Emmet Hughes, *The Ordeal of Power: A Political Memoir of the Eisenhower Years* (New York: Atheneum, 1963), p. 122.

暗示，没有这类武器，美国的处境实际上可能更好："我想同所有所谓的'军事专家'们讨论一下，如果能把原子武器从这个世界的军备库里完全剔除出去，将会对我们和我们的地位产生什么样的影响。……我们必须考虑这样一个因素，即原子武器极其有利于发动出其不意的攻击的一方。这是美国永远不会做的。我要指出，在原子武器登上舞台并且我们知道其他国家也已经解开了这个秘密之前，我们从未对任何国家有过这种歇斯底里的恐惧。"[1] 核裁军可能是一个不切实际的愿望，但在艾森豪威尔的整个总统任期内，它一直在诱惑着他。

一场和平运动的诞生

艾森豪威尔的白宫也许从未认真考虑过真的裁军。尽管如此，裁军仍是一个热门话题。就在1945年美国投下两颗原子弹后不久，数百万美国人——其中有许多知名人士，包括很多核物理学家——在努力想办法，思考如何正式禁止今后部署此类武器。早期，许多反核活跃人士是世界政府的拥护者。[2] 与20世纪20年代和30年代裁军运动活跃分子一样，他们获得了通过选举上台的官员和其他知名公众人物的同情与支持。

举例来说，1949年6月，8 000人聚集在麦迪逊广场花园(Madison Square Garden)，声援由爱达荷州民主党参议员格伦·泰勒(Glen Taylor)提交的一项决议案。该决议案主张，国务院要将联合国发展成一个世界联邦作为美国外交政策的一项具体目标——泰勒是前一年亨利·华莱士(Henry Wallace)领导的进步党(Progressive Party)的副总统候选人。当晚的主要发言人是最高法院大法官威廉·O. 道格拉斯(William O. Douglas)，他用同艾森豪威尔差不多四年后发表的《和平的机会》演讲中类似的措辞，谈到了建立世界政府的必要性。道格拉斯承认，世界政府运动，尤其是如果得到美国的支持，可能被苏联排斥。但他坚持认为，尽管如此，这仍是一个值得追求的目标："即使那样，西方世界也一定能在世界政府中找到和平的新希望、新可能。即使那样，我们也可以有一个新的政

---

[1] Memorandum, President Eisenhower to C. D. Jackson, December 31, 1953, AWE, DDE Diary Series, Box 4, DDE Diary, December 1953 (1).

[2] 我对世界政府和早期反核运动的叙述与说明，依据的是如下著作：Milton S. Katz, *Ban the Bomb: A History of SANE, the Committee for a Sane Nuclear Policy, 1957—1985* (New York: Greenwood Press, 1986).

第三章
战争、和平与艾森豪威尔

府可资利用,而不是只能靠一项防御性的条约。即使那样,我们也可以团结起来,共同处理许多核心的和平问题。"[1]接着发言的是小科德·迈耶(Cord Meyer, Jr.)(他后来成为中央情报局的一名重要官员)和新罕布什尔州参议员查尔斯·W. 托比(Charles W. Tobey),后者是参议院发起该项议案的22人之一。类似的一项议案在众议院有90位发起者。支持这些目标的公投在康涅狄格州和马萨诸塞州都获得通过,有超过一半的州议会敦促国会采取行动。

即使政府日益依赖核武器——因而也必然与这些武器牵涉到的机密、试验、费用和辐射尘日益捆绑在一起——来招架苏联,有越来越多的美国公民开始将核武器本身视作威胁。根据活动人士的说法,这些武器不仅迫使美国陷入永久战争状态,而且使国家主权概念变得毫无意义。阿尔伯特·爱因斯坦(Albert Einstein)是这群人中的非正式领导,首席辩论家则是诺曼·考辛斯(Norman Cousins)。考辛斯可能是他那个时代精力最旺盛、思想最活跃的编辑,其兴趣之广,人文情怀之深、之诚,以及同世界上各方最有权势的人物接触之多,没有任何一位知名编辑可以做到像他这样兼具三者。

考辛斯的阵地是《星期六评论》(Saturday Review),一本苦苦挣扎的小型文学杂志,彼时自由派报纸《纽约邮报》(New York Post)的副刊。《星期六评论》杂志的有些办公室与《当代史》(Current History)杂志在同一栋楼里。《当代史》杂志创办于第一次世界大战爆发之际,旨在为美国读者提供一个观察全球事务的视角。考辛斯20世纪30年代在《纽约邮报》担任过一段时间的教育版块编辑后,受雇于此。在那里,他结识了《星期六评论》的创办人、耶鲁大学教授、文学评论家亨利·塞德尔·坎比(Henry Seidel Canby)。考辛斯充满活力、思维敏捷,坎比非常欣赏他,因而于1940年将他纳入《星期六评论》编辑部,并于1942年考辛斯年仅27岁时,让他担任主编。

在第二次世界大战紧迫形势的鞭策下,考辛斯以大无畏的热情承担起了交给他的任务。他没有直接参战,而是在战争信息办公室(Office of War Information)担任顾问。考辛斯认为,美国影响外部事务的最好方式,是向海外传播自己的艺术、文学和文化,以及住房和基础设施建设方面的实用技术。随着1945年8月美国在广岛投下原子弹,他认为,人类已经进入了一个新的、可怕的时代。

---

[1] "8 000 at Rally Here for World Unity", *New York Times*, June 10, 1949.

在他长期担任编辑期间的第一场斗争事业中,考辛斯在《星期六评论》发表了一篇激情澎湃的社论,题为《现代人过时了》(Modern Man is Obsolete)。考辛斯在社论中坚持认为,过去几个世纪以来对战争的理解今后再也行不通了。在原子武器时代,任何国家都不可能为保护自己的国家安全去向另一国开战,而不冒自己乃至整个世界遭遇毁灭的危险。战争不再是一件可以赢得的事,实际上,"人类在地球上能否继续生存下去,如今完全取决于其是否有能力避免一场新的战争"。考辛斯由此得出结论,"在原子时代,最过时的东西就是国家主权"。人类前进的唯一道路,是走向国家间的合作和集体决策,同时拒不接收核武器这份遗产。"要实现对破坏性原子能的有效控制,有一种办法,而且也只有一种办法,那就是建立一个中央集权的世界政府。"这篇社论随后以一本薄薄的小册子的形式印刷出版,成了全国畅销书。[1]

对考辛斯来说,这些担忧绝不能只停留在杂志的页面上,我们需要在全世界范围内同它们展开斗争。战后占领日本期间,考辛斯成为道格拉斯·麦克阿瑟将军的顾问,他对原子弹在日本造成的后遗症印象特别深刻。麦克阿瑟曾亲口告诉他,当年使用原子弹在军事上完全没有必要。[2] 1949年访问广岛后,考辛斯致力于帮助城里被原子弹毁容的妇女。他拍下那些被烧得惨不忍睹的妇女照片——这些妇女要么是拒绝在公共场合露面,要么是戴着口罩,然后把照片带给美国的整形外科医生(特别是西奈山医院),并说服他们免费为这些妇女做手术。在约翰·赫西(John Hersey)《广岛》(Hiroshima)一书中突出介绍的卫理公会(Methodist)牧师谷本清(Kiyoshi Tanimoto)的帮助下,从1955年起,先后有140多名称作"广岛少女"(Hiroshima Maidens)的妇女被接到美国接受治疗。《星期六评论》还鼓励读者收养因美国投掷原子弹而沦为孤儿的日本婴幼儿,考辛斯和他的妻子也收养了一个女儿。如今,在广岛的和平纪念公园(Peace Memorial Park)里,还矗立着一座考辛斯纪念碑。

考辛斯在身体力行的人道主义行动、杂志社本职工作以及参与实际政治活动三者之间游刃有余。他是艾森豪威尔在1952年和1956年的总统选举中击败

---

[1] Norman Cousins, *Modern Man is Obsolete* (New York: Viking, 1945). 关于考辛斯的传记写得最好的,是在查尔斯·德贝内代蒂主编的《20世纪杰出的和平人物》一书中由米尔顿·卡茨(Milton Katz)写的那一章。Charles DeBenedetti, ed., *Peace Heroes in Twentieth-Century America* (Bloomington: University of Indiana Press, 1986), pp. 169—197.

[2] Norman Cousins, *The Pathology of Power* (New York: W. W. Norton, 1987), p. 71.

的对手、民主党人阿德莱·史蒂文森(Adlai Stevenson)的密友和顾问。考辛斯在 20 世纪 50 年代早期曾有一次全国巡回演讲,这在一定程度上让他对美国人的想法和感受把握得非常到位。这套三管齐下的方式效果很好。由于考辛斯满腔热情的主笔工作,《星期六评论》成为战后美国最有影响力的杂志之一,发行量达到了 60 万份。

在 21 世纪初政治两极化的今天,认为左翼核裁军倡导者和出身军方的共和党总统之间具有重要联系这样的看法,也许非常荒谬。在那时有这种看法,或许也极不合情理。毕竟,20 世纪 50 年代早期是麦卡锡主义发展的顶点,考辛斯也遭到指控,说他上了共产主义的当。但这并不意味着考辛斯与总统的高尔夫球友们一样,对艾森豪威尔具有同等的影响力。在艾森豪威尔担任总统期间,他们很少见面。尽管艾森豪威尔 1959 年的确邀请考辛斯为他撰写过一篇演讲稿,但艾森豪威尔从未发表这篇讲话。[1] 况且,考辛斯和他的行动主义偶尔也会成为政府的"肉中刺"。哪怕是"广岛少女"计划这样的无害项目,艾森豪威尔政府也非常担心它对公共关系造成影响。[2] 考辛斯和艾森豪威尔最终将会在暂停核试验问题上公开发生分歧。

然而,在整个 20 世纪 50 年代,两人一直保持着一种严肃的、相互尊重的书信往来,尽管偶尔会发生争执。交往记录强有力地表明,通过他的坚持不懈、灵活手腕和道德论证,考辛斯对总统而言是一种核良知,代表了一整套原则。随着艾森豪威尔日渐变老,这套原则在他心目中变得日益重要。正如《和平的机会》演讲让大家看到的那样,艾森豪威尔的观点有时可以被倡导裁军的人士拿去作为自己的强大工具,至少可以作为口舌之辩的强力工具。

---

[1] Letter from Eisenhower to Norman Cousins, May 30, 1959, in *The Papers of Dwight David Eisenhower* (Baltimore: Johns Hopkins University Press, 1996), vol. 20, doc. 1182, p. 1504.

[2] 例如,参见 David Serlin, *Replaceable You: Engineering the Body in Postwar America* (Chicago: University of Chicago Press, 2004), pp. 66－67, 以及 Rodney Barker, *The Hiroshima Maidens* (New York: Penguin Books, 1986), pp. 81－82。

第四章　艾森豪威尔充满争吵的第二个任期

艾森豪威尔尽管健康状况欠佳，但他1956年竞选连任已是定局。最终，艾森豪威尔赢得了41个州和接近58%的普选票。然而，艾森豪威尔虽然轻松赢得了大选，但他那份政治上的轻松并没有持续多久。在担任总统的最后几年，艾森豪威尔与国会在军事和国家安全问题上频频发生激烈的冲突。这些冲突在一定程度上反映了双方在开支水平和政策方向上真实存在的意见分歧，但在政府内部，大家普遍认为，国会里的民主党人及其在军事和情报界的盟友为了政治利益而刻意夸大和扭曲军事问题。这令艾森豪威尔耿耿于怀，因为他认为自己比其他任何人——包括三军参谋长——都更了解美国军队究竟需要什么，又存在哪些方面的局限和缺陷。

1957年秋，苏联"斯普特尼克"号人造卫星发射升空。几乎与此同时，又有一份报告认为，美国很快将在原子武器的生产方面落后于苏联。这两件事左攻右击，让上述冲突直接达到顶点。总统对这些事态的发展极其失望，这使他及其身边的许多人认为，军方已经形成一个利益集团，而不只是一种政策工具。基于此，他们力图在传统的军队之外，另辟维护国家安全的路径。

其实，甚至在"斯普特尼克"号发射之前，艾森豪威尔似乎就已经开始与那种认为核武器是一种性价比高、副作用小的安全手段的观点渐行渐远。他对核武器在道德、军事和科学方面的复杂性的思考,大多是由他与诺曼·考辛斯的通信激发的。1956 年夏,考辛斯在《星期六评论》发表了一篇影响甚广的社论,题为《个人的一点想法》(Think of a Man)。在这篇社论中,考辛斯回到了前文提到的那篇关于后广岛时代的社论中勾勒的一些主题,干脆利落地概述了整个人类的知识历程——从艺术和文学到医学、科学和建筑——并认为,这一切将可能在人类历史上第一次被毁得一干二净。他写道:"人类在以往的实践中所取得的所有成就、留下的所有记录、实现的所有美好,如今都可以被摧毁殆尽,连带其给人类带来的所有好处,其留下的所有痕迹,都可以抹得毫无踪影。""以往人们拥有的能力仅仅是影响历史,而我们则拥有抹去历史的能力。"[1]尔后,他又谈到了核试验、辐射尘以及在他看来一个已经超越了主权国家的世界里对安全理念进行全面重新评估的必要性等问题。

同往常一样,考辛斯试图最大限度地发挥自己呐喊的影响。他坚信自己正在设法解决人类面临的最重要的问题,因而毫不掩饰地四处推销自己的看法,广泛宣传、散发社论稿。各大知名高校的校长、一些著名的牧师、参议院外交关系委员会(Senate Foreign Relations Committee)全部成员、联合国形形色色的官员、最高法院、宣传委员会董事会,以及像约翰·D.洛克菲勒(John D. Rockefeller)和奥斯卡·汉默斯坦(Oscar Hammerstein)这类知名人物——当然还有同他偶尔通信的德怀特·D.艾森豪威尔——都收到了这篇社论的预发稿。

我们完全有理由认为,一位距离连任大选只有 3 个月的现任总统,对这样一封充满理想主义情怀的信件,本可以置之不理,或者顶多让他的幕僚敷衍一下,做个礼节性的回复。尤其是,这篇社论的作者还与总统的大选对手是同道中人,在有关国家主权和是否有必要禁止核试验的问题上公开反对总统的意见。(在 1956 年的总统选举中,禁止核试验问题是一个非常重要的议题,阿德莱·史蒂文森支持禁止核试验,艾森豪威尔则反对这么做。)然而,考辛斯论述中的某些东西反倒是重新激起了艾森豪威尔此前在 1953 年《和平的机会》演讲中所表达的憧憬。

艾森豪威尔于 8 月 6 日回复了考辛斯(这一天是广岛遭原子弹轰炸 11 周年纪念日),说他觉得这篇社论"很有力,也很有说服力"。他写道,他在得知第一次

---

[1] "Think of a Man", *Saturday Review*, August 4, 1956, pp. 9—14.

核武器爆炸和美国计划向日本投掷核武器时,也有类似的想法,并表示"这件事一直困扰着我"。在回信中,艾森豪威尔还谈及了要让当今美国人关注裁军和采取单独行动等棘手问题所存在的明显困难:"当一个民族已经强大、繁荣起来后,又总体上满足于他们的命运时,要求他们去思考那些可能发生的令人不快的事,或者要求他们为消除这些而可能去承担必须的工作、付出必须的努力,是一件极其困难的事。历史上似乎历来如此。"[1]当然,这封信也并不都是赞扬的话。艾森豪威尔提醒考辛斯,就一个有意隐藏核武器的国家而言,要对其制造的核武器进行监控,技术上难度很大。但他也承诺将这篇文章分发给他的亲信。

当然,政客会经常给选民写信,让选民确信自己的想法被他摆在第一位,他正在最大限度地加以考虑。然而,我们有充分的理由相信,艾森豪威尔1956年夏天确实在思忖考辛斯的裁军立场。艾森豪威尔的顾问兼首席演讲撰稿人阿瑟·拉森(Arthur Larson)在自己的回忆录中写道:"在1956年8月的一次会议上,他问我是否读过《星期六评论》。我说读过,并表示《星期六评论》——尤其是通过该刊社论——正成为一份非常重要的公共事务期刊。这时,他递给我一份诺曼·考辛斯撰写的关于氢弹的社论,那篇社论给他留下了深刻的印象。"[2]

艾森豪威尔显然很欣赏考辛斯的作品。马尔科姆·查尔斯·穆斯(Malcolm Charles Moos)是艾森豪威尔1957年末聘任的演讲撰稿人,后来成为艾森豪威尔告别演说的首席撰稿人。他在口述历史中回忆说,考辛斯在艾森豪威尔第一个任期内,曾为艾森豪威尔写了一些东西,并称他是一个"神经更易过敏,但的确非常出色的写作者"[3]。但在考辛斯的文章中或艾森豪威尔图书馆里,找不到这一时期考辛斯起草的任何演讲草稿或两人相关的通信。1959年,艾森豪威尔邀请考辛斯写了一份演讲稿,主题是让世界各国遵守一套统一的规则。演讲稿起草了,但没有发表。不过,艾森豪威尔有时会在撰写演讲稿的过程中借用他与考辛斯之间的通信。苏联发射"斯普特尼克"号后,1957年11月,艾森豪威尔的幕僚正着手撰写一份关于科学、太空探索和弹道导弹的演讲稿。据其秘书记录,总统打电话给国务卿杜勒斯,说"他对[阿瑟·]拉森送来的演讲稿不满

---

〔1〕 Letter from Eisenhower to Norman Cousins, August 6, 1956, *The Papers of Dwight David Eisenhower* (Baltimore: Johns Hopkins University Press, 1996), vol. 17, doc. 1939.

〔2〕 Arthur Larson, *Eisenhower: The President Nobody Knew* (New York: Scribner's, 1968), pp. 172—173.

〔3〕 The Reminiscences of Malcolm Moos 1972, p. 23, COH.

第四章
艾森豪威尔充满争吵的第二个任期

意。……总统提到了诺曼·考辛斯和他的一个报道小组马上要发表的一篇整版文章——他认为这篇演讲应该加入一些那种理想主义的成分"[1]。美国在1958年初发射自己的人造卫星时,白宫的班子曾就使用考辛斯提交的一份关于仅为和平目的利用外层空间的演讲稿进行了大量讨论。

艾森豪威尔虽然咨询过考辛斯,但并未因此变成核和平主义者。政府仍在继续制造和试验核武器,艾森豪威尔仍然相信,围绕核辐射尘的许多问题可以通过技术得到解决。不仅如此,两人有时甚至会发生争吵,特别是当考辛斯强调美国继续依赖核武库的各种不良后果时,双方之间的争吵尤为激烈。1957年,公众对核辐射尘和禁止核试验的问题日益关注。考辛斯说服阿尔贝特·施韦泽(Albert Schweitzer)博士——诺贝尔和平奖主,以毕生为穷苦人服务而著称于世——发表一份《良心宣言》(Declaration of Conscience),谴责放射性的辐射尘对健康的危害,并鼓励核大国颁布禁止未来核试验的命令。1957年4月,这位82岁的人道主义者通过奥斯陆电台(Radio Oslo)发表宣言,强调了辐射尘造成的遗传损伤,并总结说:"我们不得不把由原子弹爆炸进一步产生的放射性元素所造成的现有危险的每一次增加,都视为人类的灾难,这是在任何情况下都必须加以防止的灾难。"[2](巧合的是,就在奥斯陆电台宣读施韦泽的宣言时,一场由苏联核试验造成的含有放射性物质的雨水降落在挪威上空。)

虽然施韦泽的警告没有在美国播出,但《纽约时报》在头版报道了这一消息,并激起了原子能委员会(Atomic Energy Commission)主席威拉德·利比(Willard Libby)的一番回应——他认为核辐射尘只是为捍卫美国自由而付出的一个小小的代价。[3] 利比的这一立场极具争议,但它基本上代表了政府的政策。两年前,总统科学顾问委员会(Science Advisory Committee)就得出结论:"需要通过灌输来让公众适应这样一个事实,即低水平辐射可以忍受而且必须忍受。辐射必须是一种被全体共同接受并得到大家一致理解的现象。"[4]

---

[1] AWE, DDE Diary Series, Box 29, Telephone calls, November 18, 1957.

[2] "Excerpts from Message by Schweitzer", *New York Times*, April 24, 1957.

[3] 有关施韦泽的主张和随后就此展开的争论的详尽叙述,可参见 Robert A. Divine, *Blowing on the Wind: The Nuclear Test Ban Debate 1954—1960* (New York: Oxford University Press, 1978), pp. 121ff.

[4] "Meeting the Threat of Surprise Attack: Technological Capabilities of the Science Advisory Committee", February 14, 1955. 转引自 Blanche Wiesen Cook, *The Declassified Eisenhower* (New York: Penguin Books, 1984), p. 168。

然而，要让人们接受，殊非易事。据英国原子科学家协会（British Atomic Scientists Association）的估计，核试验每年造成数千例白血病。这些估计流传开来后，辐射尘变成了比以往更大的闪燃点。1957年5月的一项民意调查显示，63％的美国人赞成禁止核试验。《新闻周刊》（Newsweek）声称："自广岛以来，在原子弹以及毁灭性比它要大得多的后代——氢弹——的制造、试验和最后使用的问题上，还没有爆发过如此激烈的、对未来具有如此重大影响的争论。政府官员、科学家、军方人士、普通公民都卷入了这场论战。"[1]

政府打起了防守战，开始着手发起一场针锋相对的斗争，对那些推动核辐射议题的人大加批评。核辐射方面的科学依据被反诉搅浑，批评者的资质遭到质疑。利比还坚持认为，"为了我们国家和自由世界的生存"，我们需要继续进行核试验，这是美国的底线。这场争吵促使考辛斯再次写信给艾森豪威尔，后者回信说："我在大力推行我认为我们此刻必须贯彻的计划，以保障我们国家安全的同时，也在不断努力，争取消灭战争本身，让核危险成为过去。"[2]

"一颗小球"

1957年10月4日苏联发射的"斯普特尼克"号人造卫星，像靶标导弹一样，击中了艾森豪威尔的白宫。发射人造卫星是否代表了苏联在科学上的一项突破，仍是一个值得商榷的问题。但作为一场意外成功的公关行动，这件事比其他任何事件，包括1954年布朗诉教育委员会案（Brown vs. Board of Education）的裁定，都更令美国政府如坐针毡。总统用一种挑衅的口吻坚持认为，苏联发射的第一颗人造卫星不过是一颗抛向天空的小球而已。

所有关于军事预算和军事准备的悬而未决的辩论，又都披着一层难以甩脱的紧迫感重新浮出水面。在懂得相关知识的人看来，苏联发射人造卫星，意味着它现在有能力用导弹搭载核弹头，将其发射到距离自己国土数千英里的地方，从而开启一个花费高昂且破坏性极大的军备竞赛新阶段，在这一阶段，苏联占据了

---

[1] "Outlawing the Atom, Defending the West", Newsweek, May 6, 1957, pp. 51—57.

[2] Letter marked "Personal and Confidential" from Dwight D. Eisenhower to Norman Cousins, July 9, 1957, Norman Cousins papers in UCLA Special Collections, Coll. 1385, Box 269, Folder 1957—Dwight Eisenhower.

第四章
艾森豪威尔充满争吵的第二个任期

领先位置。就像当时一家媒体报道所说的那样，早在1959年，白宫顾问就估计，"苏联有能力部署足够多的洲际弹道导弹来摧毁或瘫痪美国战略空军司令部(Strategic Air Command)在美国本土的各大基地，留给我们发布袭击警告的时间可能不会超过15分钟"[1]。

就在公众把注意力放在苏联发射两颗人造卫星时，华盛顿的精英们可以说对一份发布非常及时的跟踪研究报告更加震惊不已。这份报告发布于苏联发射第二颗人造卫星后的第四天，从报告上看，苏联的军事威胁甚至比政府想象的还要大。报告题目为《核时代的威慑与生存》(Deterrence & Survival in the Nuclear Age)，非正式名称为《盖瑟报告》(Gaither Report)，以专家小组主席、来自兰德公司(RAND Corporation)的 H. 罗文·盖瑟(H. Rowan Gaither)的名字命名。这份报告——被列为最高机密——引证了第二次世界大战后苏联军事发展取得的"惊人进步"。作者们声称，苏联拥有足以制造 1 500 枚原子武器的核裂变材料，在生产搭载核弹头的洲际导弹方面，也"很可能超过了"美国。他们提出了一项庞大的军费开支计划，不仅要做到与苏联所谓的进攻能力不相上下，而且要投入 200 多亿美元，建立一个全国性的核辐射尘掩体系统。

报告结论公之于众后，在美国掀起了恐慌，许多公众人物——特别是民主党政客，也包括像核物理学家爱德华·泰勒(Edward Teller)这样的人——将苏联发射人造卫星同当年的珍珠港事件相提并论。参议院多数党领袖林登·约翰逊(Lyndon Johnson)宣称："苏联人竟在我们擅长的领域打败了我们，在核时代取得了意气风发的科学进步。"参议员约翰·F. 肯尼迪将人造卫星作为他 1958 年参议员连任竞选的一个重要议题。整个美国几乎一边倒地要求做出回应——最低要求是总统需要任命一位"导弹统帅"。《财富》(*Fortune*)杂志援引一位不愿透露姓名的总统顾问的话说："第一颗人造卫星发射后的那个星期，是一个漫长的噩梦。好些人——五角大楼的、国务院的、国会山的——在总统办公室进进出出。每一位新来的访客都比前一位访客的脸拉得更长。"[2]

报告带来的政治余波相当严重。国会山上的民主党人急于找到替罪羊，而艾森豪威尔政府早些时候坚持在军费开支和财政约束(fiscal restraint)之间保持平衡的做法，现在惊慌失措地回想起来，就很容易让人觉得，这届政府允许自己

---

[1] Charles J. V. Murphy, "The White House Since Sputnik", *Fortune*, January 1958, p. 98.
[2] Murphy, "White House Since Sputnik", p. 100.

被苏联人占先了。这些指控不论是真是假，艾森豪威尔都不得不耗费大量精力和政治资本来为自己进行辩护，这就使他失去了自己最大的政治资质——在国家安全议题上说一不二的独断地位。在白宫为回应做准备的过程中，阿瑟·拉森写信给同僚说："我接获了更多的关于人造卫星[原文如此]的事情方面的评论……这些评论都来自朋友。大家的反应正从困惑转变为愤怒……DDE[1]在他自己专长的领域内，声望正在下滑……当我在全国各地建立联系时，这些反应之广泛和强烈，令我感到十分惊讶。"[2]

尽管面临着巨大的压力，但总统和他的那些最重要的顾问都没有做出根本性的政策转变。发射卫星所能做的一切都已经落实到位，导弹预算也有所增加。（但并不如政府内部有些人希望的那样多。艾森豪威尔担心，在1959年的预算中，与导弹相关的开支增加得太高，会"导致人们说政府过去5年里在这方面什么动作都没有"。）[3]但总的来说，除了没有公布U-2侦察机的机密数据外，政府尽了一切可能来表明它不同意《盖瑟报告》的结论。政府内部采取的立场是：攻击国防部和要求增加军费开支是出于政治动机——白宫一位军事幕僚提到"民主党内煽风点火的小集团"（Democratic Agitation Cabal），预算约束（budgetary restraint）仍然是至关重要的优先事项。

"不光彩的角色"

"'斯普特尼克'号—《盖瑟报告》"危机发生之后的这段时期，让人们看到了艾森豪威尔对处于早期阶段的军事—工业复合体的批评。那么，《盖瑟报告》中的错误情报和要求加强军事建设的幕后推手究竟是谁？虽然负责该项跟踪研究的领导层全部来自深受艾森豪威尔信任的知名顾问，但无法掩盖这样一个事实：该研究小组要求增加的数十亿美元军费开支，会让报告中提出这些建议的许多人受益。例如，报告主要负责人当中，就有罗伯特·C. 斯普拉格（Robert C.

---

〔1〕 DDE为德怀特·戴维·艾森豪威尔（Dwight David Eisenhower）姓名的首字母。英语中类似写法很常见，如FDR为富兰克林·德拉诺·罗斯福（Franklin Delano Roosevelt）姓名的首字母等。——译者注

〔2〕 EL, Arthur Larson papers, Box 3, President's Speeches: Science & Security: Background material folder.

〔3〕 AWE, DDE Diary Series, Box 29, Telephone calls, November 21, 1957.

Sprague)和威廉·C. 福斯特(William C. Foster),前者自己经营军工电子业务,后者来自火药和弹药生产商奥林-马蒂森化学公司(Olin-Mathiesen Chemical Company)。

艾森豪威尔20世纪30年代为陆军从事的研究,使他敏锐地意识到了军方和私营工业之间相互依存的关系。尽管他认为,保护美国经济和私营企业是军方的一项至关重要的使命,但这一目标还涉及确保军事和经济受到制约,以免两者合为一个庞然大物,从而对两者都构成威胁。根据一份记述,早在1954年12月,艾森豪威尔就对国防部长和参谋长联席会议告诫过在军事—工业方面太过慷慨大度的种种危险。哈罗德·斯塔森(Harold Stassen)曾在艾森豪威尔政府担任多项职务,他记得总统说过:

> 鉴于我们的经济力量和军事力量同时都很重要,我们的军方必须为我们的经济力量承担一定的责任。我们必须要有一个充满活力的工业基础。但这个工业基础绝不能主导我们的军队,反之亦然。下面这一点极其重要,我不确定任何人在现阶段都能看得很远:军方和我们的业界领袖一旦结成一队,他们就能主宰整个国家。他们最终会拥有太多的权力。到那时可就糟了。……全军上下必须坚决反对贪得无厌、反对贪污腐败、反对狭隘偏私、反对独擅垄断。现在的确存在一种非常真实的危险,那就是军方与有权有势的业界领袖勾搭在一起,把武器合同、研究合同以及各种各样的产品与服务合同分包出去。军事工业规模庞大,意味着政府需要划拨巨额款项,这真的很危险。[1]

到"'斯普特尼克'号—《盖瑟报告》"事件掀起人们的极度激动时,艾森豪威尔所担心的这种局面可以说其实已经出现了,而且他在一个似乎不太可能的地方——满足航空工业需要的行业杂志上——也瞥见了这一情况。像《航空周刊》(Aviation Week)和《空军》(Air Force)这样的杂志,尽管创办不过10年,却正在为有关安全政策的公开辩论定下基调。就像由民主党人控制的国会听证会一样,这些出版物成为基本上不加过滤的军方观点的传播阵地。它们经常严厉批评艾森豪威尔和他的国防部管理层,甚至对他们进行人身攻击。

例如,"斯普特尼克"号发射后不久,《航空周刊》就发表社论说:

---

[1] Harold Stassen and Marshall Houts, *Eisenhower: Turning the World Toward Peace* (St. Paul Minnesota: Merrill/Magnus Publishing Corporation, 1900), pp. 236—237.

（美国人）有权知道，美国和苏联在这场技术竞赛中所处的相对位置，因为这场技术竞赛也许是我们这个时代唯一最具有重大意义的事情。他们有权知道，一个在科学潜力、经济潜力和军事潜力诸方面拥有巨大优势的国家，为何正在被一个不到20年前在同一科学领域甚至没有资格参赛的国家赶上，甚至是超过。他们还有权决定，他们是否要让他们的政府不管付出多少金钱和汗水，也要维持我们目前在自由世界的领导地位，或者他们是否想要"躺平"，情愿放弃这一地位，以便再多享受几年如今正紧紧裹住我们国家的那种"今朝有酒今朝醉"的惬意生活。这些都是这片土地上的公民必须为自己做出的选择。它们不是一群端坐在庙堂之上或漫步于高尔夫球场的领导人〔1〕可以随心所欲地做出的决定。〔2〕

但杂志上刊登的广告也许比其评论内容更令人着迷。20世纪50年代末翻阅这些出版物，就是在窥视一个原本隐秘的美国。在这里，繁荣和安全似乎完全只是围绕一个庞大的、不断增长的行业运行。1957年，航空工业的收入约为110亿美元，波音、道格拉斯飞行器公司(Douglas Aircraft)和通用动力等巨头的年收入都超过了10亿美元。(当年IBM的收入为7.34亿美元，通用汽车约为108亿美元。)航空工业几乎所有的收入都来自军事合同，这些杂志就是军事承包商叫卖他们货物的地方。杂志上还有制造飞机和火箭所需原材料的广告：钛、石墨、橡胶、不锈钢、铝。更重要的是，还有几十个战后兴起的分支行业也在这些杂志上做起了广告，其中，许多公司是拿着政府补助的私营企业，如直升机制造商、断路器制造商、飞机螺栓制造商、飞机发动机制造商、滚动轴承制造商、导航和雷达系统制造商、飞机火花塞制造商、火箭制造商，凡此种种，不胜枚举。例如，1957年1月就有这么一则典型的整版广告极力兜售美国无线电公司(Radio Corporation of America, RCA)生产的一款产品。美国无线电公司当时是美国第25大公司，拥有近8万名员工，年收入超过10亿美元。一提到美国无线电公司，大多数美国人头脑中想到的就是收音机、电视机，但这则广告就说得很清楚：它还有一

---

〔1〕 这里的"庙堂之上"和"高尔夫球场"不只是泛泛暗喻一般意义上的政治领导人，而是将矛头直接对准了艾森豪威尔，就差指名道姓了。艾森豪威尔是一位狂热的高尔夫球迷，上任后甚至力排众议，在白宫修建了一个推杆果岭，这在白宫历史上尚属首次。2009年，艾森豪威尔入选美国高尔夫球协会推出的高尔夫名人堂，成为美国第一位入选高尔夫名人堂的总统。——译者注

〔2〕 Robert Hotz, "Sputnik in the Sky," *Aviation Week*, October 14, 1957, p. 21.

第四章
艾森豪威尔充满争吵的第二个任期

个为空军飞机专门生产制导系统的"国防电子产品"部门。这则整版广告上有一幅插图,图中有七架白色的空军战斗机,每架战斗机连同其整个装置都对准了一架大型黑色无标记飞机。广告上有一行文字告诉读者:"火控雷达知道目标位置以及何时开火!"

不难看出,这样的广告就是一家公司利用人们军事上的不安全感来销售其产品;也不难想象,艾森豪威尔的白宫——其控制军费开支的努力一直遭到攻击——看到这样的材料时,是多么的愤怒和不以为然。毕竟,大多数广告是为了向广大顾客推销产品或服务,而涉及国家安全的尖端军事产品,就只有一个客户——五角大楼。

艾森豪威尔的白宫班子,尤其是马尔科姆·穆斯,对这些杂志耿耿于怀。在一次接受采访的过程中,穆斯回忆了这些与告别演说相关的贸易类杂志,说海军武官皮特·奥兰德(Peter Aurand)——他的父亲是艾森豪威尔在西点军校的同学——会"把这些航空杂志带进来,跟我谈论这些杂志,把它们放在我的桌上。翻阅这些杂志,你会感到大为惊骇,其中竟有大约 25 000 种不同的相关公司"[1]。艾森豪威尔的科学顾问詹姆斯·基里安(James Killian)认为总统忍受不了这些刊物和上面的广告:"我一再看到艾克被航空电子类杂志的过分行为搞得非常恼火,这些杂志不论是内容还是广告,都太过肆无忌惮,总是在鼓吹更大、更好的武器,以应对他们像变魔术一样想象出来的越来越大、越来越好的苏联武器的威胁。"[2]

艾森豪威尔在发表告别演说后次日的新闻发布会上亲自提出了这个问题:"我昨晚确实指出,可能会有无意中发生一些滥用影响和权力的行为。但就事物的本质而言,当你看到几乎你的每一本杂志——不论在做什么广告——都印着一张'大力神'(Titan)导弹或'宇宙神'(Atlas)导弹[3]或火箭固态燃料或其他类似什么东西的图片时,都会对我们大脑产生巨大的影响,让一种几乎可以称得上是暗中为害的东西渗入我们的大脑,那就是,这个国家现在只忙一件事——往宽处

---

[1] Reminiscences of Malcolm Moos, p. 34.
[2] James Killian, *Sputnik, Scientists and Eisenhower* (Cambridge, Massachusetts: MIT Press, 1977), p. 238.
[3] "大力神"和"宇宙神"各有另一种更契合原词词义的译法,分别为"泰坦"和"擎天神"。在古希腊神话中,大力神指的是赫拉克勒斯(Hercules)。美国还有一款导弹名为"奈基-大力神"(Nike-Hercules),其中"奈基"是古希腊神话中的胜利女神。此处系列导弹的翻译均循惯例。——译者注

说是武器,往窄处说就是导弹。我要告诉你们,我们不能那么干。我们之所以要拥有武器、拥有导弹,是为了捍卫我们所信奉的那些伟大的价值,在我看来,它们甚至比我们自己的生命和财产还要珍贵得多。"[1]

到 1959 年,艾森豪威尔已经开始将私营军事承包商看作预算编制过程中追求一己之私的恶意行为者。在 6 月与立法机关领导人就国防拨款问题举行的一次会议上,他对额外投入 8 500 万美元到"宇宙神"——早期的一种洲际弹道导弹——计划有所质疑。众议院议员杰拉尔德·福特(Gerald Ford)试图用多种解释来打消他的疑虑,如空军最近修改了该计划的成本估算、增加的额度比许多国会议员提议的要少得多、已经削减了其他部分的导弹拨款,如此等等。但这些并没有说服艾森豪威尔。据会议记录记载:"总统对军火工业向国会施加政治压力坚决表示反对,特别是对军火工业登载整版广告——例如波音公司给'波马克'地空导弹系统(BOMARC)做的广告——尤其不满。他认为,国会在处理这些问题时,除了考虑国家的基本防卫需要之外,显然还掺杂了其他因素。"[2]

艾森豪威尔的这次爆发极不寻常,因此有人几乎在第一时间就将此事泄露给了媒体。《纽约时报》将艾森豪威尔的立场与 20 世纪 30 年代奈的"军火调查"相提并论。《时代》(Times)杂志一名记者写道,艾森豪威尔让大家知道,他"坚信,在国防辩论中,大家不是单纯从军事角度考虑问题。来自政治和金钱方面的各种影响,在国防辩论中扮演了不光彩的角色"。这件事显然是总统 1959 年的一个话题。基里安在回忆录中指出,当月晚些时候,在讨论即将举行的空间委员会(space council)会议和需要更好地协调与统一管理全国导弹靶场时,艾森豪威尔坚持:"我们必须避免让军火公司左右我们的组织模式。"[3]

不只是军事承包商在挑战艾森豪威尔军事政策的施行。在 1958 年和 1959 年的两年里,他对表面上受他指挥的军方官员表现出的无能、不忠和公然抗命越来越不顺心、越来越恼火。这种挫败感体现在很多方面。1959 年 6 月,政府就面临着一个急速扩增而又重叠严重的导弹和飞机防御系统,不同机构各自制订

---

[1] "Transcript of Eisenhower's News Conference on Domestic and Foreign Affairs", *New York Time*, January 19, 1961.

[2] Notes on Legislative Leadership Meeting, June 2, 1959; in AWF, DDE Diary Series, Box 42, Staff Notes June 1—15, 1959(2).

[3] Jack Raymond, "President Says 'Munitions Lobby' Stirs His Concern", *New York Times*, June 4, 1959; Killian, *Sputnik*, *Scientists and Eisenhower*, p. 230.

第四章
艾森豪威尔充满争吵的第二个任期

了自己所钟情的计划,几乎没有围绕整体战略需求进行的集中规划。其中,政府就需要在"奈基-大力神"导弹和"波马克B型"导弹之间做出选择,这两种导弹各有优缺点,在与轰炸机配合使用时,要求也各不相同。在与技术顾问的一次会议上,总统认为,"在他看来,两套武器系统选择哪一套,就这么件事,竟然需要总统出面解决,这表明了国防部最高领导层的软弱。他觉得这类问题应该在国防部解决"[1]。一个月后,在一次关于部门间如何协调战略政策的讨论中,总统说:"他不知道参谋长联席会议内部究竟出了什么问题。这个机构似乎没有做好自己的本职工作。"[2]

这些忧虑都是关起门来对其他人说的。1958年夏,政府棋差一着,在围绕原子能开支问题同国会展开的较量中,被对手狠狠地将了一军。同年7月中旬,参议院通过了一项法案,授权政府花费近3.87亿美元用于各种原子反应堆的设计和建设项目,几乎是政府要求的两倍。国会里的民主党人一直在努力推动提高美国的钚产量,并曝光了国防部和原子能委员会(Atomic Energy Commission, AEC)之间围绕生产设施控制权问题展开的地盘之争。参谋长联席会议一再要求生产更多的钚,但原子能委员会始终在犹豫。这让艾森豪威尔陷入了窘境,于是,他给国防部一位官员打了一通电话。艾森豪威尔的秘书记录下了谈话内容,说他"用刻薄的语气抱怨了一番国防武装力量的松懈——他说,如果他干了[他们]过去几天做的一些事,他就会开枪杀了自己。在钚事件(原子能委员会已经表示过他们不再需要更多的钚,参谋长们则说他们需要)上,他只有两个选择,要么让这方或那方难堪,要么签署法案。总统建议开除几个人,并说既然在军队中服役,就应该服从命令,要么就干脆退役了事"[3]。

1959年底,美国政府决定停止研制原本打算取代B-52的B-70轰炸机,政府觉得,等到20世纪60年代中后期该飞机真正问世时,苏联防空武器的进步将让其高空优势化为乌有。这一倒转遭到了来自加利福尼亚州的民主党参议员克莱尔·恩格尔(Clair Engle)的指责(B-70轰炸机的某些设计和生产设施就建在加利福尼亚)。1960年1月,空军参谋长托马斯·怀特(Thomas White)宣布,他将

---

[1] Memorandum of Conference with the President, A. J. Goodpaster, June 9, 1959; in AWF, DDE Diary Series, Box 42.

[2] Memorandum of Conference with the President, A. J. Goodpaster, July 14, 1959; in AWF, DDE Diary Series, Box 43.

[3] AWF, DDE Diary Series, Box 34, Telephone calls, July 1958.

在某国会委员会作证,支持恢复该轰炸机项目。[1]

艾森豪威尔认为,既然自己是部队总司令,根据规定,军方官员就必须在公开场合支持他的立场,因此他对怀特大为恼火。于是,他打电话给国防部长托马斯·S.盖茨(Thomas S. Gates),显然是想弄清楚怀特是否应该或可否被解职。艾森豪威尔"说自'公平施政'(fair deal)[2]乃至'新政'(new deal)以来,陆海空三军高层官员就纪律松散。他对这种现象痛心疾首。每个人似乎都一心想着自己有一种在公开场合发表个人观点的强迫症。总统接着说,过去,在效率报告中有一项会问,[做出]决定后,成问题的军官是否毫无疑问地执行了决定。那个问题后来被所谓的'心理学家'删除了。[3]总统希望把这一项添回去"[4]。在那一年的总统大选中,约翰·F.肯尼迪和理查德·尼克松都支持 B-70 轰炸机项目,这一点很能说明问题。

"无动于衷的骄傲自满"

鉴于艾森豪威尔对他的军方下属非常失望,对国会中的民主党人和永远都不愿合作的苏联人更是失望透顶,他在寻找解决办法的过程中开始纵情于自己更为理想主义的一面,也就不足为奇了。当然,有些想法只是半心半意,做做宣传而已。例如,他在 1960 年 7 月提议举行一次全世界公民投票,由所有国家公民投票决定他们是愿意生活在共产主义社会还是非共产主义社会,就是如此。[5]

对于一些想法,艾森豪威尔则进行过更为深入的考量。在白宫的最后几年里,他开始比 1953 年发表《和平的机会》演说以来任何时候都更加严肃、更加一

---

[1] "Air Chief Scores B-70 Cut; Plans Appeal to Congress", *New York Times*, January 12, 1960.

[2] 杜鲁门总统任内制定和实施的由战时经济转入平时经济和加强经济社会改革的各项措施,因强调"公平施政",故名。——译者注

[3] 此处给心理学家一词添上引号,意即在艾森豪威尔看来,他们并非真正的心理学家,而是类似于我们今天在社会上常常听到的谑称"砖家",故译为"心理学砖家"最传神。但鉴于这种谑称不太严肃,故采用稳妥的译法,在"心理学家"前加上了"所谓的"一词。——译者注

[4] AWF, DDE Diary Series, Box 47, Telephone calls, January 1960.

[5] Address at the Republican National Convention in Chicago July 26, 1960, *Public Papers of the Presidents*, Dwight D. Eisenhower, 1960, doc. 245.

第四章
艾森豪威尔充满争吵的第二个任期

贯地想着使用非军事手段来解决安全问题。1958年初,他和自己的幕僚开始着手一项计划,打算在同一组织——美国报纸主编协会——再发表一次演讲,以纪念那次演讲发表5周年。艾森豪威尔给这次演讲设定了以下几个主要目标:指出美国自1953年以来没有卷入任何旷日持久的战争;提醒美国人,他们因巨额军费开支蒙受了多大损失;就如何通过非军事手段实现和平寻求新的建议。

最后一点实际上就是告诉人们,美国必须接受苏联在可预见的未来都将是一个由共产党领导下的国家,美国要做的,不是寻求改变这一点,而是要找到与它共存的新方式。艾森豪威尔对是否可以搞一个大规模的学生交换计划产生了浓厚的兴趣,根据该计划,苏联将派1万名大学生到美国各大高校学习一年。这种交换项目几年前就开始了,但规模要小得多。[1] 艾森豪威尔对他的兄弟解释说,他之所以有这个想法,个中原因在于他"厌倦了与那些早已形成根深蒂固的偏见的成熟人士打交道",并认为让更年轻的、思想更富有弹性的苏联人来美国体验,可能让其中一些人相信,美国方式要更加优越。[2]

尽管联邦调查局局长J. 埃德加·胡佛(J. Edgar Hoover)在与总统的一次谈话中看上去支持这个想法(他可能担心输入数千名隶属于共产党的学生会对美国的安全造成影响,这一点合情合理),但并非所有政府官员都赞成这一提议。在这个问题上,国务院表现出了典型的官僚主义惯性,在一份备忘录中,用了整整两页纸来反驳这个提议,列出了政府提出这个想法需要面对的所有问题:苏联人可能不会接受这项计划;不论是各所大学也好,还是司法部长也罢,似乎都不可能为苏联学生承担责任;许多美国大学所在地不允许苏联国民旅行;美国大学已经人满为患,拒绝招收有资格上大学的美国学生;如果接纳的苏联学生比其他国家——特别是像波兰和南斯拉夫这样的苏联卫星国——的学生多,这些国家会觉得自己受到了冷落与轻视;如此等等。但即便是这样,有一段时间,艾森豪威尔似乎还是认为,这是他的一个非常好的创意,并计划把这种想法作为他在美

---

〔1〕 有关艾森豪威尔对学生交换项目的热情和他的很多顾问不温不火的反应的概况,可参见Walter L. Hixson, *Parting the Curtain: Propaganda, Culture, and the Cold War, 1945—1961* (Houndmills: Macmillan, 1997), pp. 101ff.

〔2〕 Telephone conversation, Dwight Eisenhower and Milton Eisenhower, March 14, 1958, AWF, DDE Diary Series, Box 31, Telephone calls, March 1958. 米尔顿在他的回忆录《总统在召唤》中也提到了这种想法,说艾森豪威尔的这种想法属于"半开玩笑半当真"。*The President is Calling* (New York: Doubleday, 1974), p. 359.

国报纸主编协会演讲的重点。拉森和艾森豪威尔之间来来回回地一遍遍修改草稿，都讲起了一项"新的伟大实验"，在这项实验中，"如果苏联和美国的青年男女能够通过相互间的和谐交往，认识到在这样一个不再因时空障碍而导致各国彼此隔绝的世界上，大家同呼吸、共命运，彼此紧密相连，都会遇到各种相同的问题、机会、资源和回报，那么全人类都将从中受益"[1]。演讲稿虽然没有说具体会有多少学生参与，但确实写了"希望可以接纳几千人"。演讲稿摆出了一种非常灵巧的外交姿态，对苏联人没有提出任何要求，他们只需要挑选合格的学生参加即可；如果苏联自愿报之以类似计划，那最好，但美国不会强迫苏联这么做。

这份演讲稿从未发表过，也许是因为国务院的反对，也许是因为——正如他对幕僚们所示意的那样——艾森豪威尔认为演讲稿中有新意的地方不多。因此，他改为对美国报纸主编协会去谈重组军队的必要性问题。尽管如此，这篇演讲稿仍能反映出艾森豪威尔个人的仔细斟酌。为了这篇演讲稿，他曾三次写信给杜勒斯，并一度指示他的助手，他在写演讲稿时不要让别人进来打扰他。拟议的演讲重新回到了《和平的机会》的主题和理想主义上，因此部分内容读起来就像是给告别演说做脚注一样。艾森豪威尔提到了通过扩充军备获得的安全所要付出的"惊人成本"，说自他1953年发表演讲以来，美国已经在军事上花费了超过2 000亿美元——不包括对外援助，但"几乎没有对人类的建设性目标做出任何贡献"。在一个和平的世界里，这笔钱本可以用来"资助我们的整个高速公路项目，建造接下来10年里我们所需要的所有医院，修建我们专家所规划的所有重要的水电工程，每年为安全部队拨款大约100亿美元"；剩下的钱还可以让美国缩减国家债务。

演讲稿原本打算继续讨论学生交换问题和其他一些可以减少军费开支的方法。但在讨论这些之前，艾森豪威尔准备让大家了解一下军费开支浪费背后的一个新的因素："防卫能力缺乏稳定性。"按照他的看法，美国的军费开支很不可靠，因为它总是与看似紧迫、实则是一时的狂热绑在一起。"我们国家的安全经常动不动就沦为当前流行的政治趋势的牺牲品，一股席卷全国的恐惧浪潮就可以导致我们的支出远远超过目前的需要。"同样有害的是"无动于衷的骄傲自满"时期，在这个时期，军队经费匮乏，社会上却怂恿军队采取攻势，并要求采取仓

---

[1] EL, Arthur Larson papers, Box 5, March 13, 1958, American Society of Newspaper Editors, April 17, 1958, Draft #3.

促、草率的行动来增强军事力量。很明显,艾森豪威尔认为他就生活在这样一个时期。"任何从常规角度看纯属无效的重复所花去的费用,任何不必要的军事配备或陈旧过时的武器所花去的费用,不仅是哪个特定年份的额外成本,也是未来所有摆在我们面前的这些年里都需要付出的额外成本,直到做出纠正为止。……如果我们挥霍浪费、盲目愚蠢或漫不经心,我们的安全就会受到损害,代价可能是,迫使政府实行与我们所珍视的自由水火不容的各种管制。"尽管这份演讲稿没有发表,但它触及的其中一个主题是艾森豪威尔及其幕僚都不会忘记的。

第五章 演　讲

关于艾森豪威尔怎么说出"军工复合体"这个词，人们说法不一。大多数为他作传的人，在讨论其告别演说的肇始时，只有轻飘飘的一两页纸，尽管他们承认，就如布兰奇·维森·库克（Blanche Wiesen Cook）所说，这是"他职业生涯中最重要的表述"[1]。

传记作者斯蒂芬·安布罗斯认为，发表演讲这个创意并非来自白宫或艾森豪威尔的顾问圈子，而是来自诺曼·考辛斯。安布罗斯写道，1960年12月14日，艾森豪威尔的私人秘书安·惠特曼（Ann Whitman）"用打字机把一份手写的记录打印出来，送到总统椭圆形办公室。'诺曼·考辛斯来过电话'，她告诉总统，'他的建议：您向全国发表一场告别演说。……对您的执政做一个回顾，告诉大家您对未来的希望。[这将是][2]一份伟大的、意义深远的文件。'"[3]安布罗斯写道，艾森豪威尔于是让自己的演讲撰稿人马尔科姆·穆斯在接下来的一个月里负责这项工作。然而，尽管考辛斯确实影响了艾森豪威尔对战争、和平以

---

[1] Blanche Wiesen Cook, *The Declassified Eisenhower* (New York: Penguin Books, 1984), p. xviii.

[2] "这将是"为译者所加，目的是让读者读起来通顺一些。电话记录一般应简尽简，用词能省则省。——译者注

[3] Stephen E. Ambrose, *Eisenhower: The President* (New York: Simon and Schuster, 1984), pp. 611—612.

及核武器的看法,其他证据则表明,如果说他对艾森豪威尔决定发表告别演说或对艾森豪威尔告别演说的内容有什么影响的话,这种影响也微乎其微,几乎可以忽略不计。

其他传记作者则描写了这个短语是如何变成现在这个模样的花絮。杰弗里·佩雷特(Geoffrey Perret)写道,艾森豪威尔"最初打算将国会也列入控告对象,对'军事—工业—国会复合体'进行严厉批评。但在最后时刻,他划掉了'国会'二字。总统不应斥责国会,就像他不应斥责最高法院一样"[1]。另外,道格拉斯·布林克利(Douglas Brinkley)告诉我们,穆斯最初起草的演讲稿——于1960年"圣诞节前不久"完成——"告诫人们警惕'军事—工业—科学复合体',但在艾森豪威尔的科学顾问詹姆斯·基里安的敦促下,它被缩短为如今这个声名远播的短语。"[2]这种说法也是没有事实支撑的。现存七份草稿中,没有其他任何东西(譬如"科学"或"国会")附在"军事—工业复合体"这个短语上。如果这类短语确实出现在某份草稿中的话,它们最起码都不是"在最后一刻"被改掉的。

这些错误是可以理解的,因为这次演讲的稿子,其来龙去脉的书面记录极不完整。几乎可以肯定的是,艾森豪威尔和他的顾问们在谈话中反复讨论这次演讲的主题时,没有留下任何记录。参与者对他们当初商议情景的描述,有时距离这些事已经过去很久。即便是在最理想的情况下,这些参与者也可能没有完全意识到,他们触及的只是大象的某一部位。因此,我们此处有必要对历史记录所

---

[1] Geoffrey Perret, *Eisenhower* (New York: Random House, 1999), p. 599. 佩雷特的断言——具体见第44章第37条脚注——似乎来自"艾森豪威尔图书馆对安德鲁·古德帕斯特的访谈"("Andrew J. Goodpaster interview, EL");也就是说,该段口述历史采访源自艾森豪威尔图书馆。完整版采访全文,可参见 http://www.eisenhower.archives.gov/Research/Oral_Histories/oral_history_transcripts/Goodpaster_Andrew_378.pdf。然而,尽管古德帕斯特承认艾森豪威尔对国会不满,但他并没有就告别演说稿中的任何用语说过什么话,也没有说过有什么用语被删掉了之类的话。

[2] Douglas Brinkley, "Eisenhower", *American Heritage Magazine*, vol. 52, issue 6 (September 2001). 在与笔者交流的一封电子邮件中,布林克利写道:"我在做艾森豪威尔中心(Eisenhower Center)主任时,就这次演讲采访了基里安先生",基里安"非常明确地告诉我",他对演讲稿中的短语"军事—工业—科学复合体"持有异议。奇怪的是,这一说法从好几个层面来看,都缺乏证据。首先,布林克利提到的时间点明显有问题。基里安于1988年1月去世,而布林克利直到2002年才成为艾森豪威尔中心主任,离基里安去世十四年有余。更何况,基里安本人的回忆录中不仅没有一处提到他反对使用该短语,甚至从他的回忆录中也看不出他在艾森豪威尔发表演讲之前见过这篇演讲;基里安在总统图书馆口述史中也是如此。参与起草这篇演讲的其他已知人士都没有提到过这个短语,更不用说对该短语提出的批评。也没有任何一稿现存的演讲稿表明有这件事。在随后的一封电子邮件中,布林克利说,他是从记者卡尔·罗文(Carl Rowan)那里听说这件事的,罗文则可能是从基里安那里听说的。布林克利说,他没有让罗文核实这一说法,笔者也找不到确凿的消息来源。

揭示的情况做一回顾。[1]

"我有话要说"

很少有历史学家说到,艾森豪威尔在选择演讲主题之前几年内,就已经萌生了发表一场意义深远的告别演说的想法。为什么他对这个想法很着迷,其实不难理解:这样他就能够无须经过国会或媒体的过滤,而是通过直接向美国人民讲话的方式,为自己八年艰难的执政生涯画上一个句号。告别演说可以给他一个清晰、有效地影响国家未来议程的机会,不像不用稿子的新闻发布会,艾森豪威尔变化无常的句法经常让他显得语无伦次、散漫含糊。

1958年加入白宫演讲稿撰写团队的马尔科姆·穆斯在一次口述历史中回忆说,"在他离任前大约两年",总统"有一天很达观地转过身来对我说,'噢,对了,马尔科姆,我想在离开这里的时候说点什么,我希望你能好好想想这件事',他说,'我对上新闻头条不感兴趣,但我有话要说,我希望你能提前好好想想这件事'"。[2] 穆斯说,艾森豪威尔讲这番话的场合是,他给总统看了一本总统演讲录,上面提到亚历山大·汉密尔顿(Alexander Hamilton)起草了华盛顿的告别演说。

到1959年5月,有证据表明,艾森豪威尔的告别演说已经有了初步的撰写计划。同月,一个非正式的顾问小组(包括穆斯)在总统的弟弟米尔顿·艾森豪威尔(Milton Eisenhower)家里碰头,并在那里制定了总统离任前应发表的13次演讲的议程。艾森豪威尔在给他弟弟的一封信中讨论了这项计划,他写道:"到目前为止,我还没有完全确定下来我是否应向国会发表一场所谓的告别讲话,即便国会邀请我这么做。我之所以一直不太当真地有这个想法,原因在于我与反对党控制的国会的共事经历——到那时,我同其打交道的时间将达整整六年。不用说,在这种场合,去谈党际之间的任何事,都不会有什么好处。我反而认为,讲话的目的在于,强调一些对这样一种政府的责任和义务具有指导意义的朴素

---

[1] 围绕这次演讲的相关文件的最全汇编见于 Charles J. G. Griffin, "New Light on Eisenhower's Farewell Address", *Presidential Studies Quarterly*, vol. 22, issue 3 (Summer 1992), pp. 469—479。

[2] The Reminisces of Malcolm Moos 1972, COH, p. 33.

第五章
演 讲

真理,这样的政府就是——即便多数人做出的决定会造成明显的自相矛盾,也必须对他们的意志做出积极回应的政府。"[1]

艾森豪威尔最终发表的演说,与这个主题几乎没有什么关系。告别演说的真正主题,其最早的迹象见于一份《以备存档的备忘录》(以下简称《备忘录》),日期显示为1960年10月31日,由拉尔夫·E. 威廉姆斯(Ralph E. Williams)编写。威廉姆斯是一名海军上校,与艾森豪威尔的演讲写作班子一起共事。《备忘录》中说,当天上午,威廉姆斯和穆斯讨论了总统1961年国情咨文演讲的两个主题。第二个主题是"世界范围内有秩序的社会瓦解为暴民横行的无政府状态的趋势",后被舍弃。但第一个主题完好无损:"军国主义问题——美国历史上第一次拥有永久性的依托战争的工业:飞机占90%,导弹占100%,等等。不仅如此,年纪轻轻就退役的将领们也纷纷在依托于战争的工业复合体中担任职务,影响其决策,引导这艘巨轮的航向。这就造成了一种危险,即共产党人一直说的关于我们的事情,说不定哪天就会成真。我们必须异常小心,以确保'死亡贩子'不会逐渐支配我们国家的政策。"[2]

令人泄气的是,《备忘录》没有说明"依托战争的工业复合体"这个短语是谁想出来的。没有迹象表明它来自艾森豪威尔,尽管如前章所述,这个主题戳中了他的心坎;无论是穆斯还是威廉姆斯,也都没有一贯坚称这个短语的发明权属于自己。在1988年的一次口述历史中,威廉姆斯说,这是"我随口而出的原初想法",并直接把将"依托战争"改为"军事"的功劳归于自己。但在1985年写给艾森豪威尔图书馆的一封信中,他说,10月31日的《备忘录》是在与穆斯和幕僚斯蒂芬·赫斯(Stephen Hess)仔细讨论过后写成的。因此,原话可能是别人想出来的。穆斯则似乎乐于让人们相信这个短语是他创造的。他曾自豪地对至少两名采访者说,国会图书馆(Library of Congress)告诉他,该馆研究人员花了两年时间查找使用这一短语的先例,但一无所获。[3] 不过据我所知,他从来没有明确说过这是他想出来的短语。

---

[1] Letter, DDE to Milton Stover Eisenhower, May 25, 1959, The Papers of Dwight D. Eisenhower, vol. 20, doc. 1172, pp. 1492−1493.

[2] Memorandum for file, October 31, 1960; in EL, Ralph Williams papers, Box 1, Chronological (1) Folder.

[3] 穆斯在哥伦比亚大学口述史中讲过该则轶事,《芝加哥每日新闻》也讲过这则逸闻,具体见"Ike's Historic 1961 Warning", *Chicago Daily News*, April 14, 1969。

威廉姆斯在《备忘录》中使用了 20 世纪 30 年代时兴的概念"死亡贩子",并将其打上引号。对此,存在不同的解读。也许威廉姆斯希望自己与这么一个煽动性的短语拉开距离,也许他是直接引用了穆斯的措辞。作为一位政治科学家和一名前记者,穆斯曾一度将自己的政治主张描述为"左翼共和主义"。穆斯曾在 1954 年出版的《以目的谋权力:作为外交政策基础的理想主义的现实主义》(*Power Through Purpose*:*The Realism of Idealism as a Basis for Foreign Policy*)一书中,描述了 20 世纪 20 年代和 30 年代的裁军运动。在这本与托马斯·I. 库克(Thomas I. Cook)合著的书中,至少有一段话是艾森豪威尔告别演说的明显前兆:"我们必须在如下两者之间找到适当的平衡:一边是和平时期的工业、正常的消费、值得做的投资以及休闲享受,另一边是即时防卫和持久备战的紧急事项。……我们有绝对把握认为,我们如果为了充分满足所有现在或今后的盟友的经济和军事需要而去糟蹋我们的经济、破坏我们物质上的福利、牺牲我们今后的发展,那将给我们造成严重的损害,对别的国家也没有任何帮助,这些需要无论是以他们目前同我们自己的标准和成就之间的差距来衡量,还是用较低的标准,即以建立在西方工业社会的成就基础上的够用来衡量,结果都将是损人不利己。"[1]由此可见,穆斯已经准备好了有关军事的过度影响的演讲的论点乃至某些措辞。

威廉姆斯说到的年纪轻轻就退役的军人为军事承包商做事这个问题,也是一段有趣的轶事。艾森豪威尔在实际演讲中并没有提到这一点,现存的讲话草稿中也没有哪一份提到此事。但这显然是一个问题,至少对穆斯来说是这样的。在详述演讲稿的源头时,他告诉一位口述历史学者:"我有一个学生在做一项研究,我建议他研究有多少人在相对年轻的时候,也即四十多岁的时候,从军队退役,包括从空军、海军、陆军退役,成为工业特别是航空航天工业的主管。"[2]

即便是在准备演讲时用到了这项研究提供的信息,这份信息也未见于档案。况且,军方同它的承包商之间有一扇旋转门这种看法,已构成 20 世纪 30 年代"死亡贩子论"的一部分;到 20 世纪 50 年代后期,旋转门不仅在和平时期还在运

---

[1] Thomas I. Cook and Malcolm Moos, *Power Through Purpose*: *The Realism of Idealism as a Basis for Foreign Policy* (Baltimore: The Johns Hopkins University Press, 1954), pp. 159—160.

[2] Reminisces of Malcolm Moos, COH, p. 33.

转,而且规模远远超过了从前。奇怪的是,穆斯竟然觉得有必要提及一位学生在这个问题上的研究,这一点有些难以理解,因为旋转门问题在20世纪50年代至少两次成为国会正式调查的主题。1956年,众议院军事委员会(House Armed Services Committee)的一个小组委员会对空军如何授予合同进行了调查,发现绝大多数合同是通过谈判达成的,而不是通过竞标授予的。这项调查迅速发展为对与空军有业务往来的航空公司高薪、暴利的非难,其中包括著名的费尔柴尔德发动机与飞机公司(Fairchild Engine and Airplane Corporation)[1]以及麦克唐纳飞行器公司(McDonnell Aircraft Corporation)。国会议员声称,由于大型飞机公司的绝大多数业务是通过政府合同完成的,因此这些公司实际上是联邦政府的"子公司"。其中一个受到批评的人,是约瑟夫·T. 麦克纳尼(Joseph T. McNarney)将军。麦克纳尼于1952年担任生产B-36轰炸机的那家公司的总裁,年薪7.5万美元,而在1949年的那场争议中,麦克纳尼恰恰站在B-36轰炸机一边。[2]令人好奇的是,麦克纳尼告诉某个国会委员会,他是在参议员斯图亚特·赛明顿(Stuart Symington)给他一个身份不明的电话号码,并让他打电话询问一份工作后被录用的。另有一家公司因收取政府100万美元广告制作费而受到该小组委员会的非难。

第二次调查发生在1959年夏,这时艾森豪威尔也在各种会议场合抱怨军火工业的影响。调查并不能保证总是富有成效。海军中将海曼·里科弗(Hyman Rickover)很不情愿地向众议院的一个小组委员会提供了一份机密名单,上面列有一些据称在国防承包公司担任新职位、试图影响他的前军官。但沿着这条线索进行调查,并没有曝出任何重大的内幕。马丁飞行器公司的一位高管承认,他的公司曾为高级军事官员提供飞行服务,其中包括参谋长联席会议主席和空军部长、海军部长,载他们去巴哈马参加周末派对。众议院一个调查委员会透露,

---

〔1〕 一般翻译为"仙童发动机和飞机制造公司",也可翻译为"费尔柴尔德发动机与飞机公司",由谢尔曼·费尔柴尔德(Sherman Fairchild)创建。本书选择后一种译法,旨在提醒读者该公司的由来。——译者注

〔2〕 B-36战略轰炸机,绰号"和平缔造者"(peacemaker),是20世纪40年代末和50年代初美国空军远程战略轰炸威慑主力,由美国康维尔公司(Convair)研制生产。波音公司生产的B-52服役后,逐渐退出历史舞台,1959年彻底退出现役。由于B-36挤占了海军军费,甚至导致海军计划兴建的第一艘超级航母CVA-58"合众国"号下马,从而引发了轰动一时的"海军将领造反运动"。约瑟夫·T. 麦克纳尼,美国陆军上将,1949年调国防部工作,1952年退役后担任康维尔公司总裁。——译者注

到1960年1月,美国100家最大的军事承包商——他们一共获得了80%的新式武器合同——雇用了762名陆海空军上校及以上军衔的前军官。该委员会建议,禁止所有离开国防部的军官或文职官员在离职两年内从事任何形式的销售工作。[1]

因此,在确认军事合同和游说行为的潜在腐败方面,艾森豪威尔和他的演讲稿撰写团队其实入场很晚,可谓姗姗来迟。那么,他们为何不早些处理这个问题呢?最合理的解释是出于政治上的原因。国会的调查都是由民主党人(主要是南方保守派民主党)在与政府进行激烈的预算较量这一背景下进行的。他们的目标不只是改进军事采购和军事承包合同,还力图把政府和军方高层描绘成无能的国防管家。至少自1956年参议院举行关于空中武装力量的听证会开始——那次听证会让"轰炸机实力差距"(bomber gap)和"导弹实力差距"(missile gap)的看法在苏联发射"人造卫星"前一年得以外扬,民主党的一贯立场就是,艾森豪威尔和他任命的那些人在军事上投入不足,钱花得也不聪明。

1960年11月初,就在理查德·尼克松(Richard Nixon)和约翰·F.肯尼迪角逐总统之际,穆斯和威廉姆斯还在继续准备告别演说。"大概在11月份的第一个星期",穆斯回忆说,他给艾森豪威尔递上了一份草稿,几天后,总统对他说,"我看,你这里面有些东西"。穆斯说,米尔顿·艾森豪威尔也参与了这次演讲稿的起草工作,总统大多数重要演讲他都参与过。

接下来的几个星期,由于军队的卡车把艾森豪威尔的私人物品装运到位于阿比林的总统图书馆,因而白宫里有些杂乱。这一阶段,穆斯和威廉姆斯在演讲稿的调整方面发挥的作用不大。但从记录来看,艾森豪威尔兄弟两人都没有对原文做过重大修改。总统正忙于向下届政府移交权力。现存的几份演讲稿标注日期是1月6日—16日之间,只有文字上的略微改动。这些文稿只是对艾森豪威尔兄弟之间可能存在的,或他们同可能私下里咨询过的其他人之间交流的一份不完整的记录。然而,根据演讲撰稿人的说法,他们并没有明显偏离穆斯和威廉姆斯最初起草的内容。在谈到这篇演讲稿究竟在多大程度上表达了艾森豪威尔本人的观点时,威廉姆斯说:"很明显,那就是他想说的,因为他几乎没有做任何改动。"[2]

---

[1] "Ex-Officers Face Defense-Job Curb", *New York Times*, January 18, 1960.

[2] Oral History of Ralph Williams (OH-503), EL, 1988, p. 35.

关于是否应该在国会发表演讲,内部也有一些争论,但是,据穆斯说,总统拒绝了这个主意,认为演讲内容才是最重要的。用穆斯的话说,艾森豪威尔"正在竭力去触及明日的良知,而不是登上今日的新闻头条"[1]。

艾森豪威尔对电视媒体原来就不怎么适应,中风后,又很容易混淆单词的发音,或者干脆忘记单词。电视摄像机被搬进总统椭圆形办公室,地毯上布满了密密麻麻的电线电缆。总统的办公桌上还铺了一层褐红色的毛毡,以减弱对准他头部的刺眼眩光。

演讲的内容当然比这要更加广泛,军工复合体只是其中的一小部分而已。艾森豪威尔还对规模和影响都在不断扩大的联邦政府的其他某些不得人心的方面发出了警告。他特别指出,作为依赖政府资助的领域,技术和研究也可能成为一股有害的力量。尖端研究所需的昂贵技术,这些领域必然要依赖政府的资助。"我们在尊重科学研究和科学发现——我们也应该尊重科学研究和科学发现——的同时,必须警惕公共政策本身可能成为科技精英的'俘虏'这一同等的反向危险。"更具有代表性的一点是,他告诫政府不要过度支出和负债:"凝视社会的未来,我们——你和我,还有我们的政府——必须避免今朝有酒今朝醉的冲动,必须避免为了我们自己的舒适和方便而去掠夺明天的宝贵资源。我们不可能做到既透支我们子孙后代的物质财富,又不致亏蚀他们日后将要继承的政治和精神遗产。"他还重复了《和平的机会》演讲中某些理想主义的论调:"在相互尊重和信任的前提下进行裁军,是一项势在必行的持续任务。我们必须共同学习如何使用智慧、使用得体的行动而不是武力来化解分歧。"艾森豪威尔认可自己没有制造新的战争,但又流露出失望之情——未能创造真正的和平。

他究竟想表达什么意思?

艾森豪威尔没说的话也值得一提。告别演说虽然在许多方面与"死亡贩子论"相当一致,但并没有说武器和其他军事承包商为了增加利润而发动、怂恿或延长战争。艾森豪威尔看到的风险,更多地集中在由于大规模军费开支而形成的债务领域,以及个人自由和经济自由的缩减。这两者都是艾森豪威尔长期关

---

[1] Malcolm Moos, *Dwight D. Eisenhower* (New York: Random House, 1964), p.166.

注的问题，在他卸任后都将具有重要意义。虽然许多人会采取这样的观点立场，即认为军费开支既刺激了美国经济，又迫使苏联人为了同美国一较高下而耗尽资源，但艾森豪威尔的告诫聚焦在战争经济论的消极方面——如果对战争经济听之任之，军工复合体将会导致美国破产。

艾森豪威尔的演讲甫一结束，历史学家和修辞学家就开始探问他究竟想表达什么意思。确定说出口的话究竟是什么意思，是一项没有止境而又难以捉摸的任务。在本案中，由于牵涉众位演讲撰稿人，因此问题就更加复杂了。

撰写政治演讲稿有一个必不可少的基本环节，那就是演讲稿的撰写人力图捕捉他们为之撰稿的人的思维和表达风格。在这个过程中，撰稿人需要仔细钻研演讲者过去发表的演讲、文章、证词以及其他公开的陈述。拉尔夫·威廉姆斯在 10 月 31 日的《备忘录》中，就给自己设了一个提醒："分析艾森豪威尔以前的主要演讲。"当然，艾森豪威尔与其他总统一样，对他最终要发表的言论拥有相当大的发言权。艾森豪威尔图书馆里有很多此前各种讲话的各遍草稿——上面都有总统潦草的修改字迹[1]——以及写明需要对计划好的演讲中特定部分的内容进行改进、充实的《备忘录》。当某份草稿被交到总统手里时，他通常会让信差将其送到弟弟米尔顿处。米尔顿连夜加以改写，不过他改写的关注点在结构而不是主旨。"我很少添加新材料，因为我的住处没有"，米尔顿在回忆录中写道，"我几乎总是把原来的演讲稿完全推倒重来，按既定事实和思考脉络，理清演讲内容的顺序，让演讲做到线索清晰、逻辑连贯、层次分明，并毫不费力地给其套上总统自己的措辞，这些措辞与我自己平常使用的语言没什么两样。"米尔顿声称，只有到那时，总统才会开始着手修改（在一份新打印的、3 倍行距的草稿上修改）。"他改完之后，你会以为是有十几只脚很脏的鸡因为觉得有趣而在每页纸上跑来跑去留下的爪印。"[2]

告别演说的演讲稿上留下"鸡爪印"相对而言是一个微小的细节，但由此可以明显看出，艾森豪威尔在发表演讲时已经主导了对军工复合体概念的解释。在发表演说之前，他有将近两个月的时间来考虑这件事。正如威廉姆斯所说：

---

　　[1] 艾森豪威尔在 1955 年心脏病发作，尤其是在 1957 年中风后，不仅说话不利索，写字也很费力，很难控制笔端。关于他修改的笔迹，米尔顿在本段有所描述。这也是他为何必须在一份重新打印的、3 倍行距的草稿上修改的原因。——译者注

　　[2] Milton Eisenhower, *The President is Calling* (New York: Doubleday, 1974), p. 322.

第五章
演 讲

"我敢肯定,在马可·穆斯(Mac Moos)把第一稿放在他的鼻子底下之前,总统从来没有想过这个短语或概念本身。我同样确信……这个概念触动了他的心弦。艾克说的话也许并不一直都是对的,但他从来没有把任何他不相信的东西、任何他不完全想说出来的内容,变成一篇正式的讲话。"[1]

至于为什么这个概念吸引了艾森豪威尔,威廉姆斯给出了这样的解释:"我自己的看法是,他被1960年大选期间民主党诸位候选人批评的'导弹实力差距'以及民主党1956年批评的'轰炸机实力差距'给刺痛了,这两次批评都没有哪怕一丝一毫的事实根据。还有一个原因是,他对由空军军官、航空工业说客和贸易协会以及某些国会议员组成的小集团搞的那些哗众取宠的夸张举动感到极其愤慨——这些国会议员总是在推动给他们所在选区带来利益的武器项目,他们经常照例炮轰艾森豪威尔。"[2]

然而,即使艾森豪威尔的意图和动机可以大致确定,但这些也不足以充分回答他的演说所提出的问题。在他的描述中,美国完全有必要拥有一支常备军和数量庞大的武器装备,既然如此,又该如何避免或遏制军工复合体呢?如果威胁真像他说的那么严重,不仅"是经济上的和政治上的,甚至是精神上的",那么他为什么要等到卸任时才向全国发出警告呢?如果言下之意是,连美国总统都解决不了这个问题,那么是不是意味着军工复合体已经拥有了"不正当的影响力"?

正是对诸如此类问题的回答,让这次演讲以及军工复合体概念经久不衰。有一派观点认为,艾森豪威尔谈及"和平",并不是要停止一切军事活动和军事规划;即使在谈到"裁军"时,他也无意削减美国武器库,甚至没有打算停止扩充美国武器库。虽然这个论点看起来只是语义上的削减,但绝不可置之不理。这位饱经战争风霜的将军当然更喜欢和平文明,而不是战争文明,但冷战呈现一种更为复杂的动态。艾森豪威尔公开和私下表达的希望世界和平的愿望,与军工复合体在很大程度上就是在他的眼皮底下成长起来的这一事实之间,存在着明显的不一致。(但是,他未能将军工复合体关进围栏,这使他很难在现代总统中独树一帜。)

---

[1] Letter from Ralph E. Williams to Martin Teasley, December 28, 1985; EL, Ralph Williams papers, Box 1. (马可·穆斯即马尔科姆·穆斯,艾克指的就是艾森豪威尔。——译者注)

[2] Letter from Ralph E. Williams to Martin Teasley, October 28, 1986; EL, Ralph Williams papers, Box 1.

因此,有一个答案是,艾森豪威尔纯属假仁假义:嘴巴上说着美国和世界上大部分地区想听的话,但作为总统,一直甘于采取任何必要的行动,包括使用原子武器来维护美国在军事上的优势地位。埃拉·切尔努斯(Ira Chernus)就艾森豪威尔1953年12月在联合国发表的演讲《原子能用于和平》专门写过一本书。切尔努斯在书中指出,艾森豪威尔的鸽派言论是在有意安抚特定的受众,并管控因其政府在战略上依赖核武器而产生的不安全感。在切尔努斯笔下,艾森豪威尔已经"受困于"核困境:为了维护和平与安全,他释放并加强了可能是有史以来最容易破坏稳定的军事力量。恶性循环由此开启。在这种循环中,艾森豪威尔"将必须不断地表现出他对和平的追求,以增强西方联盟从事冷战的能力和意愿"[1]。切尔努斯将艾森豪威尔的大脑描绘成一个奥威尔式的竞技场,在这个竞技场里,只有与不可战胜的敌人永远战斗下去,和平才有希望。

在分析艾森豪威尔先前的演讲时,这种暗透镜的确有它的用处。但告别演说至少在表面上,想表达的是其他意思。在告别演说中,艾森豪威尔差不多承认了这种奥威尔式的情况存在,但军工复合体也难辞其咎。由于军工复合体对理性管理已经构成了极为强大的阻力,因此,艾森豪威尔毕生信奉的平衡观也延伸到了对军工复合体的批评。这篇演讲还有其忏悔和歉疚的一面:"本着相互尊重和信任进行裁军,是一项势在必行的持续任务。我们必须共同学习如何使用智慧、得体的行动而不是用武力来化解分歧。由于这种紧迫的需要是如此强烈和明显,我承认,我在卸下这个领域的官方职责时确实感到很失望、很沮丧。"

对于演讲中的矛盾之处,我们也许可以有一个更宽容的解释,那就是,艾森豪威尔终生真诚追求和平,但作为总统,他受到了顾问们的牵制,苏联的毫不妥协也对他构成了阻力。这么说并非空穴来风,而是有事实为证。1953年4月那次具有里程碑意义的《和平的机会》演讲,演讲稿历经多次修改,草稿每到约翰·福斯特·杜勒斯手上一次,对苏联的批评就多了一分。还有其他一些例子也可以说明杜勒斯和艾森豪威尔在涉及苏联关系的文件上存在调子上的差异,杜勒斯更强调苏联的过失与责任,艾森豪威尔则更多地寻求两国外交上的共同基础。例如,在1958年初起草一份文件时,艾森豪威尔先是口授了一个插入语,然后说:"我感觉自己与福斯特·杜勒斯(在对待苏联的问题上)有一点不同:他

---

[1] Ira Chernus, *Eisenhower's Atoms for Peace* (College Station: Texas A&M University Press, 2002), p. 124.

是律师思维。对于我们在与苏联打交道时出现的这些障碍,他总是一贯坚持按照严格的逻辑进行解释,他这么做——用的就是律师思维——就是要显示出对方采取的步骤和行动不好。而我们则是设法向对方表明,我们正在做的事是得体的、正义的。当然,我们必须关心和尊重事实,反复重申官方立场,但我们也要'广交朋友,影响他人。'"[1]杜勒斯1959年去世后,对白宫的演讲撰稿人来说,"让艾森豪威尔讲艾森豪威尔的看法"比以前容易多了,至少在政治措辞的层面上是这样。

此外,艾森豪威尔也有可能仅仅是随着时间的推移,在核武库是否已经让保护民主的军事机构和威胁自由的军事机构之间的平衡发生倾斜这个至关重要的问题上,改变了自己的看法。杰弗里·佩雷特就持这种观点:"在白宫的八年时间里,艾森豪威尔对核武器的看法发生了根本改变。1953年,他还认为核武器可以广泛用于各种冲突。到1961年,他已经认为这些武器几乎没有任何实用价值。它们的主要作用就是震慑苏联的核武器。与此同时,艾森豪威尔已经成为军备控制和禁止核试验条约的坚定拥护者。"[2]如果核武器从作战角度看已经毫无用处,那么继续生产核武器所需的官僚机构和费用开支便构成了国内的隐患。

把这个推理往前再推一步,便可得到另一种解释,那就是,艾森豪威尔是矛盾的,因为人类往往是矛盾的。皮尔斯·布伦登(Piers Brendon)就特别倚重这种解释(虽然也有人倾向于这种解释,但很少有哪位作者像他这么倚重)。布伦登坚持认为,他自己对艾森豪威尔的认识随着时间的推移而出现前后矛盾的情形,"就映射了总统本人真实存在的各种自相矛盾,映射了他职业生涯中的各种模棱两可,映射了他个性中无数彼此之间几乎无法调和的方方面面,所有这些就像枝形刻花玻璃吊灯的光一样闪烁不定"。布伦登甚至断言:"艾克的生活或性格中,几乎没有一个方面不是互相冲突、互相矛盾的。"[3]

对这篇讲话最离经叛道的解释也许是,演讲根本不是对军工复合体的警告。几乎可以肯定,马丁·梅德赫斯特(Martin Medhurst)撰写和编辑的有关艾森豪威尔言论的材料比任何人都要多。在1994年的一篇打破传统看法的文章中,他

---

[1] DDE Diary Series, January 24, 1958; Box 29, January 1958.

[2] Geoffrey Perret, *A Country Made by War* (New York: 1989), p. 480.

[3] Piers Brendon, *Ike: The Life and Times of Dwight D. Eisenhower* (London: Secker and Warburg, 1987), p. 9.

认为,尽管几乎所有人都以警告这种方式来解读告别演说,但它不是一则预言,艾森豪威尔实际上也一直信任军方和工业界之间的合作。梅德赫斯特的观点在很大程度上来自他对与艾森豪威尔关系很近的幕僚、演讲撰稿人布莱斯·哈洛(Bryce Harlow)所做的一次访谈。据此,他把这次告别演说描绘成对即将上任的肯尼迪政府发起的一场精心策划的攻击。他争辩说,艾森豪威尔政府认为,即将上台的肯尼迪政府在军事上和经济事务上都极度天真,这是十分危险的。在梅德赫斯特看来,演讲中真正有价值的部分并非"关于军工复合体本身,而是关于这个问题,即未来决策者是否有能力平衡利用那种复合体,真正做到既可以借它守护个人自由,又能够防止整个国家沦为兵营国家"[1]。

梅德赫斯特的观点很诱人,但将关注点落在肯尼迪身上,可能过于狭窄。正如威廉姆斯在1985年写给艾森豪威尔图书馆的信中所指出的那样,艾森豪威尔认为,民主党国会议员、军事承包商和空军官员对军费开支的管理不善负有责任。事实上,到发表演讲时,艾森豪威尔已经输掉了党内的军备预算之争。在1960年的大选中,理查德·尼克松并不认为艾森豪威尔试图平衡军事需求和财政约束的政策足以在政治上抵挡得住民主党对所谓导弹实力差距的抨击。相反,在纳尔逊·洛克菲勒(Nelson Rockefeller)的敦促下,1960年的共和党纲领给军方开了一张空白支票:"美国有能力承担也必须提供更多的经费,以充分实施这一加强我们防御态势的必要计划。用在美国国家安全方面的开支绝不能有费用上限。"[2]

但是,对演讲所表达的意思的追问,不能仅仅限于指出演讲者想要通过演讲表达什么。听讲的人不同、听讲的方式不同,都会让演说呈现不同的价值。随着时间的推移,这些价值上的不同会变得愈发明显。在1985年写给一位研究人员的信中,威廉姆斯承认意思的确发生了改变,尽管只是为了表示不赞成这么做:"我一直对艾森豪威尔总统最后一次演讲中的'军工复合体'部分受到如此高度的关注感到惊讶,也同意……其真正含义已被扭曲得面目全非这种说法。我敢肯定,这个短语如果不是出自一位曾担任陆军五星参谋长的总统之口,不论谁说

---

[1] Martin J. Medhurst, "Reconceptualizing Rhetorical History: Eisenhower's Farewell Address", *Quarterly Journal of Speech* 80(1994), pp. 207—208.

[2] 共和党1960年纲领文本,可参见 John T. Woolley and Gerhard Peters, *The American Presidency Project*, University of California, Santa Barbara, http://www.presidency.ucsb.edu/ws/index.php?pid=25839。

出来,都早就被人们忘到九霄云外去了。但现实是,这个短语成了媒体嘴里的"肥肉",他们乐此不疲地咬了25年。"[1]

最初的反应

许多美国人从艾森豪威尔的演讲中理解的意思,在很大程度上取决于新闻媒体如何呈现讲话的内容。梅德赫斯特非常看重这样一个事实,即各大媒体的报道角度截然不同。媒体记者对演讲展开讨论的方式共有四种,军工复合体概念只是其中之一(其他三种分别是艾森豪威尔警告美国仍然面临着冷战的各种连续不断的危险,告诫美国要继续反对共产主义;对未能达成裁军协议的失望;以及保持各种平衡的必要性)。[2] 就其本身而言,事情的确就是这样。但几天之内,关于军工复合体的警告就盖过了所有其他解释。(马尔科姆·穆斯在1964年的一篇文章中,就把艾森豪威尔的告别演说指称为"艾森豪威尔关于军工复合体的告别演说"——两种措辞意思完全相同。)

例如,沃尔特·李普曼(Walter Lippmann)的专栏"今日与明日"(Today and Tomorrow)(李普曼的这个专栏被诸多媒体广泛转载)于1961年1月18日刊登的文章开头写道:"艾森豪威尔总统的告别演说将在未来的日子里被人们铭记与引用。他超越了大选的素材,也就是将两党分隔开来的那些议题,详细阐述了一个对国家的未来具有深远意义的问题,这个问题以前还从没有哪位负责的官员公开讨论过。"这个问题当然指的就是军工复合体的影响问题。[3]

在演讲后第二天的新闻发布会上,艾森豪威尔被问到了20个问题,其中有两个涉及前一天晚上的主题。一个问题来自《芝加哥每日新闻报》(Chicago Daily News),记者在提问时将以下两件事情放在一起进行了对比:一件是艾森豪威尔关于"和平时期空前庞大的军事机构隐含着的对我们民主进程的危险"的警告;另一件是人们对艾森豪威尔政府自身容忍国防部内部滥用行政特权的批

---

[1] Letter from Williams to Teasley, December 28, 1985.
[2] Martin J. Medhurst, "Robert L. Scott Plays Dwight D. Eisenhower", *Quarterly Journal of Speech* 81(1995), pp. 502—503.
[3] Malcolm Moos, "The Need to Know and the Right to Tell", *Political Science Quarterly*, vol. 79, no. 2 (June 1964), p. 182; Walter Lippmann, "Eisenhower's Farewell Warning", *Washington Post*, January 19, 1961.

评(没有具体举例说明)。总统只用一句话就打发了它。第二个问题来自非营利性新闻机构科学服务社(Science Service),它关注的是如何防止公共政策被科技精英主导。艾森豪威尔先是快速认可了学识渊博的公民在社会上所起的作用,然后就美国杂志上导弹和武器广告的泛滥现象发表了一段较长的、忧心忡忡的评论。如果在新闻发布会上,记者认为艾森豪威尔演说的中心主题是要保持各种平衡或者对抗共产主义,他们显然会认为没有必要问他军工复合体这个问题。

到了下一个星期日,也就是1月22日,《纽约时报》记者杰克·雷蒙德(Jack Raymond)拼出了一整版的军工复合体概况——里面充满了各种条形图和饼图——并冠之以"军工复合体之分析"。雷蒙德找出了军工复合体的几个构成要素,艾森豪威尔虽然没有具体提到这些构成要素,但日后将被人们视为就是他所讲的军工复合体。这些构成要素包括:大型国防承包商雇用前军官;国防游说团体的规模及其与军方领导人之间的融洽关系;五角大楼资助大部分科学研究;联邦政府预算中军事部分的大幅增加;国家即使表面上处于和平状态,国会也倾向于答应军方增加国防开支的要求。雷蒙德甚至对总统对无处不在的军事广告的担忧表示赞同,他指出:"本周同一期《纽约时报》在刊登艾森豪威尔预算咨文报道和咨文全文的同时,也刊登了一整版广告,专门宣传某型号飞机的优点,该型号飞机目前还没有寻求政府的新一轮拨款。"[1]

艾森豪威尔和他的演讲撰稿人十有八九没有预料到,他的临别赠言会受到左翼人士最热烈的欢迎,这些左翼人士几年前曾斥之为闭目塞听的落伍者,说他是他那群高尔夫球友的囚徒。《国家》(The Nation)——该杂志正在准备一系列有关军工行业影响力的文章——的一篇社论说:"可以毫不讽刺地说,艾森豪威尔先生在整个总统职业生涯中,没有什么比他卸任时的表现更符合他的总统身份了。""八年来,艾森豪威尔先生似乎没有能力抓住他那个时代的主要问题,这令他的美国同胞感到沮丧;但现在,在他的政府即将结束的日子里,他说起话来俨然就是一位我们渴望已久的政治家和民主领袖。"[2]其他对削减军费开支兴致勃勃的人,包括劳工领袖及和平活动人士,会在未来几年里以愈发高涨的热情使用"军工复合体"这个词,并演绎出自己的解释。

―――――――――

〔1〕 Jack Raymond, "The Military-Industrial Complex: An Analysis", *New York Times*, January 22, 1961.

〔2〕 未署名社评, *The Nation*, January 28, 1961, pp. 69—70。

第六章　诠释与增饰

很多解读艾森豪威尔告别演说的人都会得出结论说,直到美国深陷越南战争泥潭,"军工复合体"这个词才受到人们的关注,在此之前,人们大多忽视了演说中出现的这个词。马丁·梅德赫斯特认为,对这个词不予理会实属理所当然。在他看来,将这篇演讲框定为对军工复合体的警告是一种误读,这么多年来,很少有人这么框定它。"无论是 1961 年 1 月",他写道,"还是 1962 年、1963 年或 1964 年,事实上,在美国地面部队进入越南之前任何时候,大多数人并没有将艾克的《告别演说》理解为在警告军工复合体的各种危险。……如果去查阅 1961—1969 年的《期刊文献读者指南》(Reader's Guide to Periodical Literature),人们就会发现,直到 1969 年,'军工复合体'一词才登上指南名单。在 20 世纪 60 年代结束之前,甚至个别提到军工复合体的情况都很少见。"[1]

另一位研究军工复合体的学者亚历克斯·罗兰(Alex Roland)的看法争议要小一些:"对 1961—1990 年期间《纽约时报》和《国家》的一项调查显示,'军工

---

〔1〕 Martin J. Medhurst, "Robert L. Scott Plays Dwight D. Eisenhower", *Quarterly Journal of Speech* 81(1995), pp. 502—503. 这篇简短的文章是对罗伯特·L. 斯科特《也论艾森豪威尔告别演说——对梅德赫斯特的回应》一文的回应,Robert L. Scott, "Eisenhower's Farewell Address: Response to Medhurst", *QJS* 81(1995), pp. 496—501. 斯科特的这篇文章则是对梅德赫斯特另一篇影响更加深远的文章《重新定义修辞史:艾森豪威尔告别演说》的回应,"Reconceptualizing Rhetorical History: Eisenhower's Farewell Address", *QJS* 80(1994), pp. 195—218。

复合体'一词在20世纪60年代早期很少使用。1963年，也就是肯尼迪遇刺那一年，这个术语在《纽约时报》上一次也没有出现过。"[1]

这些看法是有一定道理的。美国在越南的插手升级，确实导致这个短语的使用频率增多了（为梅德赫斯特说句公道话，插手升级这件事也毫无疑问地影响了历史对艾森豪威尔告别演说的解读方式）。但是，这种概括是误导人的——而且在重要问题上，确实是错误的——因为它忽视了美国全面介入越南之前发生的关于军工复合体的激烈讨论。大脑中萦绕着可能威胁而不是保护美国生活方式的、过度扩张的军事机构这种观念，对20世纪60年代早期的很多人具有十分重要的影响。这些人包括我们国家某些最杰出的报纸专栏作家、加利福尼亚大学校长、马丁·路德·金、来自全国各地的抗议学生、美国最高法院首席大法官以及艾森豪威尔兄弟俩本人。这些人中，有的明确提到了艾森豪威尔的讲话，有的则没有。"军工复合体"这种巧妙的表达和艾森豪威尔对这种表达的认可，不仅维护了人们早先对军国主义的相关批评，而且自身扩展到了连艾森豪威尔和他的演讲撰稿人都想象不到的领域。

以下是四个认为军工复合体正在以有害的方式影响公共生活的详细例子——这些例子没有任何越南背景，而且都发生在美军在越南大规模集结之前。它们依次是：影响国家的军事预算和军事规划；侵犯公民自由；扭曲国家的社会和政治优先事项；影响学术自由、大学的角色和联邦政府研究经费的投放领域。

"麦克纳马拉已经意识到这个问题"

艾森豪威尔的此番言论提出了一个显眼的问题，那就是，其所包含的内在现实究竟是怎样的？军工复合体的不正当影响是令人担忧但仍然可以预防的吗？还是说它已经存在，需要公民去识别、去清除？后一种观点到20世纪60年代末十分普遍。但在那之前，相当多的人很早就认为，军工复合体正在产生有害的影响。

肯尼迪政府早期有两个重要方面可以被视为在替艾森豪威尔的观点进行辩

---

[1] Alex Roland, "The Military-Industrial Complex: Lobby and Trope", in A. J. Bacevich ed., *The Long War: A New History of U.S. National Security Since World War Ⅱ* (New York: Columbia University Press, 2007), p. 345.

白。首先,尽管约翰·肯尼迪在竞选时提倡增加军费开支,但他的政府在上任几周后就已经知晓,人们大肆宣传的"导弹实力差距"纯属无中生有。肯尼迪政府国防部长罗伯特·麦克纳马拉(Robert McNamara)在一本直言不讳的回忆录中,证实了艾森豪威尔及其助手之间一种常见的看法,即空军对苏联导弹力量的估计数据遭到了篡改。麦克纳马拉写道:"我的副手罗斯韦尔·吉尔帕特里克(Roswell Gilpatric)和我在不到 3 周的时间内就意识到,在进攻型导弹弹头方面,的确存在差距。""然而,正如中央情报局证实的那样,是美国甩开了对手一大截。空军没有任何误导别人的意图,只是在面对含混不清的数据时,选择了有利于自己的武器方案的解释方式而已。"[1]

其次,肯尼迪一上台,就觉得有必要重复自己前任的意见,就强大的战争机器所具有的各种危险发出警告。搬进白宫两个月后,肯尼迪在国会召开的一次专门讨论军事预算的会议上做了发言。这位刚上任的新总统坚持认为:"作为一个国家,我们无论是在战略上还是在心理上——当然也包括在经济上——都绝不能把希望全寄托于……维持一支庞大的军队。……我们的武装力量在任何时候,从根本上都必须由文职人员掌管,听从文职人员的命令。"[2]然而,麦克纳马拉的确有理由怀疑文职政府对军队的控制是否真的到位。自轰炸广岛和长崎以来,美国领导人都向老百姓许诺过,核武器的唯一正当作用是威慑对手的核攻击。肯尼迪在他的讲话中坚称:"我们绝不会在进攻中先发制人,率先使用核武器……这是我们国家的惯例。"虽然历史或许已经证明,肯尼迪守住了声明中的立场,但正如麦克纳马拉和肯尼迪两人很快都会知道的那样,该声明未必反映了彼时军方的实际打算。

麦克纳马拉及其助手们慢慢熟悉了国防部之后,他们发现,军队内部有些小集团笃信对苏联发动先发制人的核打击计划。"在肯尼迪政府任职时,我了解到,获得第一波核打击即可差不多完全摧毁苏联核力量的能力,确实是美国空军内部某些人士的目标",麦克纳马拉写道,"在 1962 年给总统的一份《备忘录》中,我引用了来自空军的一份文件,'空军一直非常支持发展可以让美国获得令苏联

---

[1] Robert S. McNamara, *Blundering into Disaster: Surviving the First Century of the Nuclear Age* (New York: Pantheon Books, 1986), p. 44.

[2] "Text of President Kennedy's Special Message to Congress on Defense Spending", *New York Times*, March 29, 1961.

和我们的盟友都深信不疑的第一波核打击能力的军事力量,这样我们就有能力根据具体情况,选择相应办法,把美国和我们盟友的损失限制在可以接受的范围内。'"据说,美国战略空军司令部(Strategic Air Command)司令、后任空军副参谋长的柯蒂斯·勒梅(Curtis LeMay),曾在1957年告诉一群文职国防顾问,如果他通过卫星得知苏联正在集结飞机进行核攻击,"我将在他们起飞前把他们打得连滚带爬"[1]。

因此,这里便存在一种明显的、令人吃惊的情况,那就是军方奉行的政策同行政部门表明的立场完全不一致。不难推测,倘若麦克纳马拉当时把这种情况公之于众,必然会引发一场危机。他开始试图断了空军的念想,要他们别想获得那些他觉得在第一波核打击能力的规划中发挥作用的武器,从而导致他与军事承包商、参谋长联席会议以及所在选区从军费开支中受益的国会议员之间一再发生冲突。[2] 其中一场围绕 RS-70 轰炸机的斗争,直接引发了一次公开的宪法质询——国会和总统究竟哪一方拥有代表国家选择制造何种武器的终极权力?[3] RS-70 的前身是 B-70(RS 意为"侦察与打击",是由空军后来添加上去的),肯尼迪竞选总统时曾支持研发这款飞机,与艾森豪威尔政府的立场完全相左,后者一直希望终止该项目。其飞行设计是超高空(像 U-2 侦察机那样)、以 3 倍音速飞行。20 世纪 50 年代首次提出这个构想时,其在军事上是合理的。但苏联在 50 年代末研发出了有效的防空导弹,这让许多人得出结论认为,轰炸机将在防空导弹面前不堪一击。肯尼迪上任后不久,就向国会提交了一份军事预算,该份预算大幅削减了 B-70 的生产计划。麦克纳马拉称,这款总价 100 亿美元的飞机对于现在更专注发展洲际弹道导弹的核战略来说,已无必要。

这一立场激怒了肯尼迪任命的空军参谋长勒梅。勒梅倡导 B-70 在战略上有一定的道理。他担心美国过度依赖核导弹,不像有人驾驶的轰炸机,核导弹无

---

[1] McNamara, *Blundering into Disaster*, p. 55. 与此相关的那份《备忘录》已经解密,可以去国防部网站阅读,网址为:http://www.dod.mil/pubs/foi/reading_room334.pdf. 弗雷德·卡普兰在《末日巫师》一书中讲述了勒梅的这则轶事。Fred Kaplan, *The Wizards of Armageddon* (New York: Simon and Schuster, 1983), pp. 132—133.

[2] 有关麦克纳马拉与军方人士和国会议员之间冲突的详细汇编,可参见尤利乌斯·杜沙撰写的《武器、金钱与政治》一书第五章。Julius Duscha, *Arms, Money and Politics* (New York: Ives Washburn, 1965), pp. 86—113.

[3] 尼克·科茨所著的《蔚蓝的天际:金钱、政治和 B-1 轰炸机》一书第七章简明扼要地叙述了围绕 B-70 战斗机问题发生的冲突。Nick Kotz, *Wild Blue Yonder: Money, Politics and the B-1 Bomber* (New York: Pantheon, 1988).

第六章
诠释与增饰

法回收。他还认为,空军和海军不应该像麦克纳马拉和他的那些效率型助手建议的那样,共用一份轰炸机计划。但勒梅的游说也带有一种体制性的地盘之争的味道,空军当时死死抓住新近获得的权力不放。麦克纳马拉命令勒梅不要在国会就 B-70 轰炸机作证,希望以此阻挡空军和国会结成同盟,这种同盟曾让艾森豪威尔的白宫大为恼火。然而,即便如此,两年来,国会一直为这款飞机拨款,政府只能拒绝动用这笔钱。

这种局面最终导致 1962 年国会在众议院军事委员会资深主席卡尔·文森(Carl Vinson)的带领下,向政府摊牌。同年 3 月 1 日,委员会一致同意拨款 4.91 亿美元用于 B-70 的研发。接着,它又迈出了显然是史无前例的一步:"下令并指示"政府把划拨的经费花掉。

许多人对一个国会下属委员会采取如此野蛮的行动来包庇军费开支并不感到惊讶。正如作家尼克·科茨(Nick Kotz)所指出的那样,该委员会 37 名成员中,有 21 名来自参与制造 B-70 的选区。正是在此期间,人们开始记录军费开支与经济之间的联系详情。1962 年 1 月,新成立的军备控制与裁军署(Arms Control and Disarmament Agency)发表了一份报告,显然第一次对削减军费开支的经济影响进行了审查。这本名为《裁军的经济影响》(*Economic Effects of Disarmament*)的小册子指出,人们普遍担心裁军可能导致经济萧条,"国防开支的持续下降可能损害我国经济的长期稳定和增长";普遍担心即使全国经济总体上能够保持健康运行,某些行业、某些公司和某些地区也将面临严重的经济混乱。报告得出的结论是,有 22 个州高度依赖军费开支,其中 7 个州有超过 20%的制造业就业岗位与军事预算直接挂钩。"在美国某些地区,对国防生产的依赖已经非常明显,令人极为担忧……有些州明显受到极其严重的影响,因为它们的制造业对国防部主要采购项目的依赖相对而言非常严重。"[1]例如,在文森的家乡佐治亚州,国防部的应付薪资总额占该州个人收入的 6.8%,比全国平均水平 2.9%的 2 倍还多。在这场围绕 RS-70 展开的较量中,五角大楼和参与制造这款飞机的各大公司——特别是波音公司和北美飞行器公司——让国会议员们知道了用在他们所在选区的开支会是多少。

该委员会的行动就这样引发了一场十分有趣的争论,只是这场争论造成了

---

[1] *Economic Impacts of Disarmament*, United States Arms Control and Disarmament Agency publication 2 (Washington, D. C. : U. S Government Printing Office), pp. 3—4.

国会和行政部门之间的不和，双方争论的问题是：最终究竟由谁来负责决定美国的军费怎么花？按照宪法框架，国会的角色是提供资金，而总统则是武装部队总司令，照这么推测下去，这些资金具体怎么使用，行政部门应该享有最终决定权。文森领导的委员会撰写的报告说："这事国会说了算。"在该项议案提交众议院全体投票表决之前，肯尼迪和文森之间固然可以达成一个周密的妥协方案，但美国一些杰出的新闻观察家在其中看到了军工复合体的"魔爪"。来自《圣路易斯快邮报》(St. Louis Post-Dispatch)、之后获得第一届普利策评论奖的马奎斯·W.蔡尔兹(Marquis W. Childs)，在1962年的一篇专栏文章中，写到了围绕RS-70展开的对决过程中"看不见的游说团体"(invisible lobby)的力量。蔡尔兹宣称："自从艾森豪威尔将军警告世人……当心他所称的军工复合体取得统治地位将对美国造成威胁以来，那个复合体的力量已经日益明显。"当一年一度的RS-70问题一年后又回到国会面前时，詹姆斯·莱斯顿(James Reston)在《纽约时报》的一篇专栏文章中，将其与国防部长和国会之间的其他冲突列在一起，并指出，对麦克纳马拉的持续攻击，"似乎证实了艾森豪威尔总统的告别演说。在这篇演说中，艾森豪威尔警告人们当心军事和工业力量联合起来破坏国家平衡的危险"。莱斯顿在引用艾森豪威尔的讲话后补充道："麦克纳马拉自进入五角大楼以来，就意识到了这种危险，现在愈发意识到了这一点，特别是当他看到军工复合体又增添了来自国会山(Capitol Hill)的政治权力时，心里就更加清楚了。"[1]因此，早期对军工复合体蕴含的意思所做的核心解释就是：为了政治目的扭曲使用军事预算制造武器，而不论这些武器是否真的加强了国家安全。同艾森豪威尔发表告别演说后不久即针对演说展开的评论相比，这里更醒目的地方在于，国会如今被描绘成了保全和巩固军工复合体的主要角色。

当然，在艾森豪威尔的告别演说中，军工复合体部分没有提到国会一个字，但艾森豪威尔深知五角大楼对通过选举上台的官员发号施令的权力究竟有多大。1958年，艾森豪威尔同文森和其他国会领导人就国防部重组问题发生争执，最后很不情愿地接受了一项法律条款，允许军事人员无须经过他的同意就可

---

〔1〕 Marquis Childs, "Invisible Lobby Behind the RS-70", *Washington Post*, March 26, 1962; James Reston, "Washington: On Getting Run Over by a Gravy Train", *New York Times*, March 15, 1963.

直接向国会提出任何他们认为合适的建议,总统称之为"合法化的抗命"。[1]在1965年出版的回忆录中详述自己发表告别演说背后的想法时,艾森豪威尔指出:"每一个生产厂家或每一处军事设施所在的地区,都从花在该地区的资金和在该地区创造的就业岗位中获得了好处。这一事实自然会持续迫使该地区政治上的代表——国会众议员、参议员以及其他人等——竭力维护该地区的设备设施。"[2]艾森豪威尔在他自己的演说中没有提到的关于国会的事情,到20世纪60年代早期,被其他人鲜明有力地摆出来了。

"没有完整的公民身份"

1962年,厄尔·沃伦(Earl Warren)在纽约大学法学院发表了一篇关于军事和《权利法案》(Bill of Rights)的异常详细的演讲。这位最高法院首席大法官特地引用了艾森豪威尔的告别演说,用的也是艾森豪威尔式的平衡口气,认为虽然军队是美国的必要机构,但"必须小心谨慎地限制其权力范围,以免搅乱自由与秩序之间的微妙平衡。虽然军队担负着保全国家的重要职能,但与此同时,作为政府的基本构成要素,它行使的是一种不易被自由社会吸纳的权力,因而维持平衡就更加困难了"[3]。

沃伦列举了美国历史上文职官员控制军队的各种办法,如将民事司法系统和军事司法系统分开,以及保障军事人员的基本宪法权利等。然而,就像艾森豪威尔一样,沃伦也认识到这里存在一个尺度问题。美国在没有常备军的年代构想的那些民主理想(比如《权利法案》中界定的那些标准),不容易搬到美国作为全球超级大国的时代。沃伦说道:"我们必须认识到,我们迅速发展壮大的军队,给最高法院在应用宪法原则方面带来了怎样的困难和特有的问题。"

在沃伦看来,军事律令至少间或侵犯过公民的权利,这一点似乎没有什么疑问。其中一个例子是,被军事法庭判决为逃兵的军人,不管是谁,都要被剥夺公

---

〔1〕 在美国,总统是武装部队总司令。允许军事人员直接向国会提出任何他们认为合适的建议,即意味着军事人员可以不服从总统的命令,故有艾森豪威尔此说。——译者注

〔2〕 Dwight D. Eisenhower, *Waging Peace: 1956—1961* (Garden City, New York: Doubleday, 1965), pp. 252, 615.

〔3〕 Earl Warren, "The Bill of Rights and the Military", *New York University Law Review* 37 (1962), p. 182.

民资格。第二次世界大战后，仅陆军就有大约7 000人以这种方式被开除国籍。沃伦表示，剥夺某人的美国公民资格是一种残忍的、不正常的惩罚，因此违反了宪法第八修正案。1958年"特罗普诉杜勒斯"（1958 Trop v. Dulles）一案，最高法院确实就是这么裁决的。

更令人不安的是，有人以国家安全为由剥夺公民自由。沃伦特别提到了平林诉美国案（Hirabayashi v. United States）。该案挑战的是富兰克林·罗斯福于1942年颁布的对日裔美国人实施宵禁的行政命令。该案被告是一位出生在美国的日裔大学生，他在第二次世界大战爆发时申请并获得了出于道义原因拒服兵役者的身份。在罗斯福的行政命令生效后，他婉言拒绝参加在西雅图的赶拢亚裔美国人的行动。"我要捍卫宪法原则。以种族为依据，专门挑出一个群体实施针对他们的宵禁和撤空令，违犯了宪法原则，"戈登·平林（Gordon Hirabayashi）告诉一位作者，"我不能接受在一个白种人国家没有完整的公民身份的做法。"[1]平林最后被逮捕入狱并关押了90天。1943年，他上诉到最高法院，最高法院大法官以9∶0的票数裁定，对他的拘押没有违宪。加利福尼亚州的是松丰三郎（Fred Korematsu）和俄勒冈州波特兰市的安井稔（Minoru Yasui）也提出了类似诉讼，结果都是一样的。

最高法院裁定强制赶拢和拘押数万名美国公民——把他们送进通常会被贴上"集中营"标签的地方——的做法符合宪法，理由是：这么做是出于军事方面的考虑，因而是正当的。法官们裁定，种族歧视是合法的，因为在战时，"同入侵的敌人存在种族关系的居民，可能比那些来自与他们不同祖先的居民更危险"[2]。因此，宪法对公民的保护可以被国会和行政部门剥夺，而且，只要剥夺的背景是军事上的需要，求助司法也无济于事。或者用沃伦在演讲中的话说："在某些情况下，法院事实上会得出结论，认为它根本无法驳回行政部门对这类事在军事上的必要性究竟达到何等程度的描述。"

这种军事凌驾于一切之上的观念显然困扰着沃伦。亚裔美国公民被拘押期间，沃伦担任加利福尼亚州检察总长，并支持这种做法。他似乎得出结论认为，

---

[1] 这些案件的背景情况可参见 Ronald Takaki, *Strangers from a Different Shore*（New York：Little, Brown, 1998), pp. 385ff.

[2] *Hirabayashi v. United States*, 320 U. S. 81 (1943), p. 320 U. S. 101. 美国最高法院官方网站有该项判决文书的全文转载，网址为：http://supreme.justia.com/us/320/81/case.html。

法院在这种情况下所扮演的角色确实与维护宪法是两回事:"类似'平林案'这样的案子中最高法院裁定政府某项给定程序符合宪法这一事实,并不必定回答得了其在更广泛的意义上是否确实符合宪法的问题。"来自最高法院的大法官公开承认这一点,特别引人注意,而且这也确实符合一些人对兵营国家的定义——尤其是沃伦发表这番演讲25年后,"平林案"翻案,理由是政府没有如实告诉法院,总统的这道行政命令在军事上根本没有必要。沃伦进一步补充说,这种情况非常少见,特别是在和平时期,就更罕见了。但他指出,由于军队规模和影响范围的剧增,美国存在由"军事人员和武器供应商对文官政府施加影响"带来的各种潜在危险。因此,这位美国最高法院首席大法官明显担心军工复合体对宪法的影响,这就是他为什么引用艾森豪威尔告别演说的这一部分,并借此告诫台下听众的原因:"这句话来自第二次世界大战中我们的一位伟大的战地指挥官、后来以总统身份担任了8年武装部队总司令的人,每一个美国人都应该将这句话铭记在心。同样具有重要意义的是,他的前任和继任都用略显不同的语言表达了同样的看法。我敢肯定,他们中没有一个人认为,有谁在故意设法改变军方和文官政府之间的关系,一刻也没有想过。但他们都认识到,我们的自由必须得到保护,不仅要防止它遭到蓄意破坏,而且要防止它受到无意间的侵蚀。我们大家也都必须认识到这一点。"

旋转门

"美国经济决策的专制与寡头结构,其最引人注目同时也是最重要的'杰作',就是前总统艾森豪威尔所称的'军工复合体'。军事精英和商业精英之间在利益和结构上的高度一致性,严重影响了我们的发展与命运。我们不仅是第一代可能要面对世界范围内的浩劫的人,而且是第一代见证为发动这种浩劫进行切实的社会准备、见证将美国社会全面军国主义化的人。"[1]

以上是《休伦港声明》(Port Huron Statement)其中一部分的开头。1962年6月,在密歇根举行的一次会议上,几十名年轻人以"学生争取民主社会组织"

---

[1]《休伦港声明》全文转载于 http://coursesa.matrix.msu.edu/~hst306/documents/huron.html,也可参见 James Miller, *Democracy is in the Streets* (Cambridge, Massachusetts: Harvard University Press,1994)一书的附录。

(Students for a Democratic Society, SDS)的名义,发表了这份影响深远的声明。这似乎是艾森豪威尔的告别演说和后来被称为"新左派"的那批人之间发生联系的最早记录(不过,部分"老左派"大概也是从这个时候开始使用"军工复合体"一词)。[1]

这里虽然将军工复合体的含义说成是出自艾森豪威尔的手笔,但实际上已经通过 C. 赖特·米尔斯进行了过滤,当然还做了一些重要的补充。《休伦港声明》的起草者是汤姆·海登(Tom Hayden),他在密歇根大学撰写的硕士论文的研究对象就是米尔斯——海登后来称米尔斯为"新左派的先知"。[2]在《休伦港声明》的视野中,军工复合体为马克思主义所说的"虚假意识"(false consciousness)提供了经济和行为基础,即:冷战以及美国这台为赢得冷战——至少要让冷战持续下去——所必需的机器,成为一种社会经济的黏合剂,它凝聚了民心,但同时又蒙蔽了民众,让他们看不到美国实际上正在构建军事国度。虚假意识的核心是冷漠和疏离。毕竟,如果商业、军事和政治精英们要做的事——不论是维持南方的种族歧视(Jim Crow South),还是维护殖民主义(这两者都是《休伦港声明》的重大关注点)——无论怎样都会如愿以偿,我们个人参与政治又能有什么意义呢?为了对抗这种无助感,学生争取民主社会组织非常重视那些可以增加个人自主权和鼓励民主参与的立法、制度和政治理论,这些将成为战后美国政治的一条重要轨迹。[3]

乍一看,这种想法似乎与艾森豪威尔说过的或是想说的任何话都相去甚远。而且几乎可以肯定的是,无论艾森豪威尔是否说过"军工复合体"这个词,《休伦港声明》都会讨论这些问题。尽管如此,艾森豪威尔对该词的认可让这样的想法

---

[1] 新左派始于何时、具体构成情况究竟如何,这个问题很复杂,各国具体情况也各不相同,同时这也超出了本书的讨论范围。《新左派评论》(New Left Review)于 1960 年在英国出版,关注的焦点是马克思主义理论、劳工政治以及处在斯大林主义影响之外的其他社会主义的发展情况。在美国,新左派的核心人物一般是不太鲜明的马克思主义者,而且可以说是随着 1960 年学生争取民主社会组织的形成开始的。然而,美国的新左派也融合于民权运动、妇女解放运动和其他抗议运动之中(同这些运动也有冲突),因此,确定其起源日期在很大程度上取决于如何定义它。

[2] Tom Hayden, *Rebel* (Los Angeles: Red Hen Press, 2003), p. 71. 新左派其他领导人当然对新左派也具有各自不同的影响,比如海登还引用了加缪(Camus)的话,但海登的回忆录非常有力地叙述了米尔斯的重要影响。

[3] 在学生争取民主社会组织看来,既然冷漠与疏离是虚假意识的核心,那么要摆脱这种虚假意识,就必然要反冷漠、反疏离,解决大家的无助感。这是下文谈到萨维奥在反冷漠论基础上再前进一步的基本背景。——译者注

有了可信度,如果仅仅只是同米尔斯这样的激进社会学家和一些真诚的左翼学生联系在一起的话,说出来可能就不会有什么威信了。

更何况,《休伦港声明》与艾森豪威尔告别演说之间的联系,远比看上去深厚。首先,《休伦港声明》——再说一遍,声明总是在使用米尔斯的精英阶层透镜——相当清楚地说明了后来被称为"旋转门"的问题,即:五角大楼高层官员可轻易成为军事承包商高管,反之亦然。"为100家公司工作的1 400名前军官,在1961年获得了国防部几乎全部210亿美元的军事采购合同,足见大军事和大产业之间的交织。"声明称:"这种叠合在通用动力身上表现得最明显,该公司1961年获得的合同都是一些最好的合同,它雇用的退休军官人数最多(187人),而且该公司的领导人是一位前陆军部长。"艾森豪威尔的告别演说显然没有提到这个问题,甚至连暗示都没有。但是,马尔科姆·穆斯和拉尔夫·威廉姆斯早在开始讨论艾森豪威尔的告别演说应该讲些什么的时候,就反复讨论过"旋转门"问题。因此,尽管《休伦港声明》将"军工复合体"一词的概念界定为承包商和军事人员之间的相互重叠,但其做法与艾森豪威尔政府此前的思考是一致的。

此外,艾森豪威尔的演说也顾及了这种看法,即军工复合体会给美国人民带来一种"精神"上的影响,并影响到"我们的社会结构"。[1]这些说法本质上都是主观的,而且覆盖范围很广,因此沿着米尔斯—海登—休伦港这条线对其所作的解释似乎并非完全没有道理。从精神影响方面对军工复合体进行解释的,也并非独此一家。其他关心美国精神方向的人,也将军工复合体视为一大障碍。自蒙哥马利巴士抵制运动(Montgomery Bus Boycott)于1955年爆发后,马丁·路德·金(Martin Luther King, Jr.)博士撰写并发表了一系列布道,开始勾勒金版甘地非暴力不合作运动。不要墨守成规是金提出的一个中心议题,他提请基督徒,要以基督为榜样,坚决不要完全顺服世俗社会的指令,不论它是罗马帝国的指令还是现代美国的吩咐,概不例外。金反复提到"大众心理"和"现状发出的有节奏的鼓声",认为这些力量使当代基督徒难以表达他们真正的道德观点。另一股类似的力量是"崇大思想"(jumboism),即认为我们都必须栖身于大公司、大

---

〔1〕"这种庞大的军事机构和庞大的军火工业的结合,是美国史无前例的全新经历。每座城市、每座州议会大厦、每间联邦政府办公室都能感受到它的全部影响——经济的、政治的,乃至精神上的。我们承认这种新变化、新动向绝对有必要,但我们也必须搞清楚它可能带来的严重影响。我们的辛苦劳累、我们的财力物力、我们的生计全都牵涉其中,我们社会的组织结构也是如此。"

城市、大高楼,只有这样才能求得庇护。他认为,这种"崇大思想"使得人们很难把自己看作少数群体的一员,从而使不公正更容易盛行。"不少怀有崇高理想的人,由于害怕被别人称为异类,所以把自己的理想藏在斗底下"[1],金在1963年的一次布道中说道。这一点在种族隔离的背景下体现得最明显:"南方许多真诚的白人私下反对种族隔离和种族歧视,但他们担心自己会受到公众的谴责。"然而,正如通常的情况一样,金看到了当下取消种族隔离的斗争与国际范围内更大的问题之间的相似之处:"数百万公民对军工复合体如此频繁地左右国家政策深感不安,但他们不愿意被认为不爱国。无数忠于国家的美国人真诚地认为,像联合国这样的世界组织应该让红色中国参与进来,但他们害怕被别人称为共产主义同情者。"[2]

因此在这里,军工复合体被描述成一种准独裁性质的恐怖和胁迫工具,这与艾森豪威尔经常挂在嘴边的军政府如何滥用权力的观点并不矛盾。实际上,在1962年,也就是他发表告别演说后次年,艾森豪威尔在谈到拿破仑和罗伯斯庇尔时,就使用了"军工复合体"一词(但很快话锋一转,说他从未见过有哪位美国军事官员渴望获得这样的权力)。[3]

"哪怕是被动参与,也绝不能去做!"

因此,对许多人来说,军工复合体概念成了长期存在的平民主义的一种容器,只要是对这样一种经济社会秩序的不满,都可以往里面装:这种经济社会秩序似乎重视集体而非个人、重视自动而非手动、重视精英的看法和目标而非社会通过民主的方式为自己确立的看法与目标。这种对军工复合体的弹性解释在20世纪60年代初就已经完全就位,并且产生了一些非常奇特的结果。1964年

---

[1] under a bushel 意为"深藏不露",典出《马可福音》第四章第二十一节:"人拿灯来,岂是要放在斗底下、床底下,不放在灯台上吗?"(And he said unto them, is a candle brought to be put under a bushel, or under a bed? and not to be set on a candlestick?)据对《圣经》的解读:把灯放在斗底下象征生活的挂虑,把灯放在床底下象征追求安逸。——译者注

[2] Martin Luther King, Jr., "Transformed Nonconformist", in *Strength to Love* (Philadelphia: Fortress Press, 1981), p. 24. 根据研究金的学者的说法,这篇布道早年刊印的各版本中,删除了金的反军国主义立场。布道最权威的版本以及对该版本所做的各种改动,收入 Clayborne Carson, ed., *The Papers of Martin Luther King*, vol. VI: *Advocate of the Social Gospel* (Berkeley: University of California Press, 2007), pp. 466ff。

[3] "Eisenhower's Letter to Senate Group", *Washington Post*, January 24, 1962.

第六章
诠释与增饰

12月,伯克利分校一位名叫马里奥·萨维奥(Mario Savio)的哲学系研究生回到家乡纽约市举行新闻发布会。萨维奥是由该校数百名学生组成的"言论自由运动"(Free Speech Movement)的一名领袖。是年秋,他将美国蓬勃发展的民权运动的策略用于解决伯克利校方和众多校园团体之间的分歧。9天前,萨维奥在伯克利的斯普鲁尔楼(Sproul Hall)前台阶上发表了一篇慷慨激昂的演说,对加利福尼亚大学领导层大加抨击,这篇演说现在已经广为人知。"这台机器的运转有时令人作呕到了极点,让你恶心到无以复加的地步,你绝不能参与这台机器的运转!哪怕是被动参与,也绝不能去做!你们得用身体抵住齿轮、抵住转盘、抵住操纵杆、抵住所有装置——你们得让这台机器停下来!你们得向操作这台机器的人、向拥有这台机器的人表明,除非给你们自由,否则就不让这台机器工作!"[1]随后,他带领大家唱着琼·贝兹(Joan Baez)的《我们必将得胜》(*We Shall Overcome*),占领了大楼。在这次事件中,最终有800多人被捕。

萨维奥将学生争取民主社会组织的反冷漠观[2]又向前推进了一步,将公民非暴力反抗言论同彼时抗议活动的强效"开胃品"——对人之为人的纯洁感的诉求——融合在一起。这次演讲及其所代表的情绪影响巨大,很容易在"言论自由运动"和反越[战][3]运动之间画上一条直线,许多历史学家这样做也称得上合情合理、无可厚非。但是,尽管萨维奥的长篇激烈讲话针对的是各个地方——大学、政府、工会和主流媒体——的官僚主义和反动思想,它却从未直接提到几

---

[1] 萨维奥的演讲文字记录和音频可以在美国修辞网(American Rhetoric. com)上找到,网址为:http://www.americanrhetoric.com/speeches/mariosaviosproulhallsitin.htm。(下面这段演讲单独列出来,可能有点不知所云。按照演讲中的说法,当时的背景是,发生在伯克利校园的抗议活动,导致校方即校董会开除了4名学生,取缔了6个学生组织,理由就是,这些学生和学生组织参加校园抗议、参加"言论自由运动"。就此,伯克利分校的学生与校长克尔沟通,要求克尔站在学生一方。克尔的回答是:"你能想象一个公司的经理公开发表声明,反对他的董事会吗?"萨维奥就此展开:"现在请你们想一想,如果这是一家公司,如果学校董事会同公司董事会一样,如果克尔就是经理,那么学校全体教师就是公司的雇工,我们就是一堆原材料。但我们是一堆原材料并不意味着可以随意对我们进行加工,并不意味着我们可以被做成任意产品,并不意味着我们只是作为产品被大学的'客户'给买走,不论这些客户是政府、是企业,又或是劳务组织,不论他们是谁!因为我们是人!"接下来就是正文中的这段控诉与呼吁。——译者注)

[2] 冷漠即前文所言的虚假意识的其中一个核心。——译者注

[3] "战"字为译者所加。——译者注

年之内就会使美国校园四分五裂的军队、越南或任何相关问题。[1]然而,在纽约举行的新闻发布会,虽然强调的也是类似主题,却增加了一个微妙而强效的新花样。萨维奥预言,发生在伯克利校园的抗议活动,可能很快就会蔓延到其他大学,包括位于纽约的哥伦比亚大学和纽约大学,因为他说,大学已经放弃了对学术的追求,转而选择为"军工复合体"效劳。[2]

与上述其他例子一样,军工复合体的有害影响并非只是一种不祥的未来情景,它就在我们面前,而且一直在腐蚀美国的大学。在萨维奥的批评指责中,还有另外一个方面值得注意,即"军工复合体"一词在艾森豪威尔的告别演说发表不到4年之后,如今同艾森豪威尔已经不再有任何关系。这也许说明,此处对该词的应用,似乎与军事没有什么关系。萨维奥似乎并不觉得有必要引用艾森豪威尔的话,报道这一事件的《纽约时报》记者同样觉得没有必要。

但最引人注目的是,萨维奥明显激进的主张,不论是有意还是无意,都呼应了自己的宿敌加利福尼亚大学校长克拉克·克尔(Clark Kerr)的观点。克尔在他广为流传的著作《大学之用》(*The Uses of the University*)——该书首次出版于1963年,也即伯克利分校在他主事时爆发大规模抗议的前一年——中写道:"才智也已成为实现国家目标的工具,成为'军工复合体'的组成部分。"[3]萨维奥对"军工复合体"一词的使用无疑有些夸大其词,但克尔的用法可能更加极端——人们该如何解释才智本身已被拴在军工复合体上这种说法?萨维奥主要是想谴责这种事态,克尔的书则在一定程度上证实了这种状况。

当然,艾森豪威尔执政期间,联邦政府拨款的确足以支配美国大学。1960

---

[1] 言论自由运动于1964年在伯克利校园兴起,尽管反军方意见遭到压制是原因之一,但总的触发因素与学校管理层和警察采取的行动措施有关。威廉·奥尼尔对言论自由运动的兴起及其与后来的学生抗议活动之间的关系做了一个很好的总结,具体参见 William O'Neill, *Coming Apart: An Informal History of America in the 1960s* (New York: Times Books, 1971), pp.279—284。

[2] "Berkeley Youth Leader Warns of Protests at Other Campuses", by Thomas Buckley, *New York Times*, December 12, 1964.

[3] Clark Kerr, *The Uses of The University* (Cambridge, Massachusetts: Harvard University Press, 2001), p.93. 虽然萨维奥可能没有完整地读过克尔的这本书,但他后来确实承认自己受到过1964年10月传阅的一本名为《克拉克·克尔的思想》(*The Mind of Clark Kerr*)的小册子的影响,这本小册子选择性地摘引了克尔书中的话,把他描绘成一个准法西斯主义者。参见萨维奥为哈尔·德雷珀的《伯克利分校:新的学生反叛运动》一书所写的序言, Hal Draper, *Berkeley: The New Student Revolt* (New York: Grove Press, 1965)。另参见克尔在其回忆录中谈到的这本小册子以及萨维奥的情况, *The Gold and the Blue* (Berkeley: University of California Press, 2003), vol.2, pp.152—153。

年,联邦政府为高等教育拨款约 15 亿美元——20 年间增长了 100 倍,占大学全部研究经费的 75%。此外,所有这些资金几乎都来自 6 个联邦政府机构。1961 年,来自国防部和原子能委员会(Atomic Energy Commission)的资金占了全部资金的 40%。[1]

在院校内部,联邦政府这种吹气球似的慷慨解囊在 20 世纪 60 年代初通常都得到了积极评价。它让稀缺的资源得以向传统的、为学生服务的活动倾斜,并有助于确保大学的研究跟上时代的脚步。有些人对与国家安全相关的研究所要求的令人烦恼的忠诚调查颇有微词,左翼批评人士则长期坚持认为,这些限制是镇压激进思想和压制教授的帮凶,这些镇压和压制一直可以追溯到麦卡锡时期。[2] 但正如克尔以相对自满的语气所说的那样,主流学术界很少有人认为联邦资金本身就是一种腐蚀性影响。

这种情况很快就会发生改变。个中原因,很大程度上在于大学是美国介入越南事务的先锋。在这方面,联邦政府对密歇根州立大学的腐蚀性影响,真可谓从头到脚,如果这个案例在联邦政府对大学的腐蚀中排名第二的话,很难想象还有哪个案例能位居第一。密歇根州立大学是一所赠地大学(land-grant college)[3],长期担任该校校长一职的约翰·A. 汉纳(John A. Hannah)还曾在艾森豪威尔政府第一届任期内担任助理国防部长。以汉纳为例,他对自己把大学和军队两者的日常工作事项融合在一起并没有多少顾虑。在 1961 年的一次讲话中,汉纳说:"我们的学院和大学必须被当作我们国防的堡垒,被当作超音速轰炸机、核动力潜艇与洲际弹道导弹一样对捍卫我们国家和我们的生活方式来说必不可少的军事要件。"[4]

---

[1] 数据来源于 Kerr, *Uses of the University*, pp. 40-41。

[2] 利奥内尔·S. 刘易斯(Lionel S. Lewis)对各所大学如何对待所谓的激进教授做了一个详尽、全面的综述,Lionel S. Lewis, *Cold War on Campus* (New Brunswick, New Jersey: Transaction Publishers, 1988)。书中的大多数案例涉及可能违反禁止共产党各方面活动的法律,但很明显,接受公共资金的大学对其教师内部的政治异见尤其警惕。

[3] 1862 年,美国国会通过了《莫雷尔赠地学院法案》(Morrill Land-Grant Colleges Act)。法案规定,按各州在联邦众议院人数的多少,分配给各州相应面积的国有土地,各州用这些土地的收益,资助本州建立至少一所与农业和机械工业知识有关的学院,为美国工农业的发展培养人才。此类学院称为"赠地学院"。1890 年,美国国会又颁布了第二次《赠地法案》,继续向各州提供资助。——译者注

[4] 这句经常被人引用的话来自学生争取民主社会组织的一本小册子,这本小册子由卡尔·戴维森编纂,其中引述了汉纳于 1961 年 9 月在密歇根州立大学家长会上的演讲。参见 Carl Davidson, *The New Radicals in the Multiversity* (Chicago: Charles H. Kerr Publishing, 1990), p. 11。

自1955年开始,密歇根州立大学为吴廷琰(Ngo Dinh Diem)领导的南越政权实施了一项耗资数百万美元的"国家建设"援助计划。[1] 来自密歇根州立大学政治学系、经济学系和商学院的教授,与一大批顾问和后勤辅助人员一起,经由国务院一家名为国际合作总署(International Cooperation Administration)的机构与吴廷琰政权签订合同,为吴廷琰政权的警察部队、政府工作人员和公共行政部门提供技术援助和培训。实际上,密歇根州立大学的这些教授们参与了向吴廷琰的总统卫队交付枪支、弹药、催泪瓦斯、卡车和手榴弹等各类武器装备的工作。双方的这种关系始于国务卿约翰·福斯特·杜勒斯直接给汉纳打的一通电话[2],由此开启了吴廷琰和密歇根州立大学教授韦斯利·菲舍尔(Wesley Fishel)之间长期的私人关系。(尽管菲舍尔后来对吴廷琰不再抱有幻想,但他对越南问题仍然保持着浓厚的兴趣,并在肯尼迪政府和约翰逊政府担任顾问。)事实上,吴廷琰至少两次到访过密歇根州立大学东兰辛校区。

这个项目从一开始就很不顺利,一方面是由于美国人和越南人之间的文化差异,另一方面是吴廷琰本人的反复无常和独裁倾向——这种反复无常和独裁倾向导致他在20世纪60年代初垮台。让事情变得更加困难的是,政府从一开始就指望密歇根州立大学团队为中央情报局在越南打掩护。至少有3个人表面上为密歇根州立大学工作,实际上却在替美国情报部门做事。两位参与该项目的人士以批评的口吻提到,该项目"多少有些被迫成为美国政府某些情报职能的掩护组织,直到1959年年中才结束这项任务。不仅掩护的痕迹太过明显,一眼便可以看穿,而且它没有隐瞒的那些事情,也往往使密歇根州立大学的整个事业都受到怀疑"[3]。

将大学用作秘密外交政策的工具,几乎肯定违反了1954年关于越南问题的《日内瓦协议》,而这就是密歇根州立大学干的事。许多历史学家认为,密歇根州立大学的这次经历,不仅证实了艾森豪威尔政府时期美国对自己在越南扮演的

---

[1] 有关密歇根州立大学在越南的经历,有两部非常有益的著作:一部是项目直接参与者撰写的著作,Robert Scigliano and Guy H. Fox, *Technical Assistance in Vietnam*: *The Michigan State University Experience* (New York: Frederick A Praeger, 1965)。另一部是从历史角度精心研究的概览性著作,John Ernst, *Forging a Fateful Alliance*: *Michigan State University and Vietnam* (East Lansing: Michigan State University Press, 1998)。

[2] John A. Hannah, *A Memoir* (East Lansing: Michigan State University Press, 1980), p. 130.

[3] Scigliano and Fox, *Technical Assistance*, p. 60.

角色所做的不切实际的评估——也为畅销小说《丑陋的美国人》(The Ugly American)提供了某些滑稽的戏份,而且实际上为后来美国灾难性的军事介入打造了一个模板。有位作者写道,密歇根州立大学的项目是"大学对他国内政最厚颜无耻、肆无忌惮的干涉,毫无疑问,[正是这种干涉]导致了后来约翰逊总统领导下的对越全面战争"[1]。密歇根州立大学的项目于1962年解散。几年后,中央情报局在密歇根州立大学越南援助计划中扮演的角色被公开披露,在密歇根州立大学校园内外引起了巨大争议。因此,那种认为至少有一些大学受到军工复合体牵连的看法,并不算特别夸张。

"他们害怕遭到报复"

艾森豪威尔——曾任哥伦比亚大学校长——似乎不太可能同意学校的使命已被军工复合体腐蚀这样的观点。然而,萨维奥和克尔的担忧与艾森豪威尔的讲话精神不谋而合,三人都对政府资助的研究是否会损害学术的独立性提出了疑问。

在此期间,业已退出政坛的德怀特·艾森豪威尔和他的弟弟米尔顿——米尔顿曾担任3所大学的校长,在约翰斯·霍普金斯大学(Johns Hopkins University)担任校长的时间尤其长[2]——其实仍在继续表达他们对政府资助被用来控制基础研究的方向的担忧。令他们更为担忧的不祥之兆是,政府资助竟被用来钳制言论,批评者胆敢公开发表反对政府政策的讲话,政府就会借此让他闭嘴。1963年11月肯尼迪总统遇刺后,刚宣誓就职的约翰逊总统立即要求与艾森豪威尔会面。两人讨论的问题自有官方记录,但艾森豪威尔在自己的日记中补充说,他已向新总统表达了以下关切:"我直陈,司法部和国税局(IRS)在履行职责时所采用的策略,让全国上下如果说不是感到担惊受怕的话,至少感到惴惴

---

[1] Sidney Lens, The Military-Industrial Complex (Philadelphia: Pilgrim Press, 1970), p.130.

[2] 米尔顿·艾森豪威尔于1943年担任母校堪萨斯州立大学校长(1943—1950年),之后担任宾夕法尼亚州立学院(1953年升格为大学)校长(1950—1956年)和约翰斯·霍普金斯大学校长(1956—1967年,1971—1972年)。1971年应邀重回约翰斯·霍普金斯大学担任校长,属于救火性质,在帮助解决了该校严重的预算赤字问题、成功扭转局面之后,即于1972年挂冠而去。——译者注

不安。确切地说，我在商界、大学甚至在基金会，都听到了一些令人错愕的声音，大家称国税局据信在只需要审查自己的财务账目时，竟去质询自己的'政党'类型问题。还有一项指控是，任何公司或大学如果向国会专门委员会提交对政府不利的证词，司法部将立即警告这类机构的负责人，该单位同政府之间签订的任何合同都将可能被政府取消。"[1]

可惜的是，艾森豪威尔关于政府过于强势的说法既令人不安，也非常含糊。然而，他略微提及的那些传言，可能至少有一部分来自他的弟弟米尔顿。艾森豪威尔兄弟把注意力集中在大学上是很自然的，毕竟他们与大学有联系。米尔顿在20世纪60年代初建立了一个组织，叫做共和党关键议题委员会（Republican Critical Issues Council）。这是一个组织松散的智库，旨在宣传共和党中间派的立场（毫无疑问，也是为了让日渐老去的德怀特继续留在聚光灯下）。在1967年的一次口述历史采访中，米尔顿被问到了军工复合体的概念问题。在从历史角度对军队规模的增长进行了一番论述之后，他谈到了自己在为这个共和党组织安排顾问时遇到的一些困难：

> 在组建太空项目团队时，我想让美国一家一流工业企业的副总裁担任主席。他恰巧是一位物理学博士，在担任公司副总裁之前，在军队干过一番大事业。我邀请他担任主席时，他非常乐意。但当他同上级以及董事会商量时，他们婉言拒绝了，因为他们与联邦政府有很多合同，害怕因此遭到联邦政府的报复。所以他婉拒了我。
>
> 在农业研究方面，我邀请了美国一所一流大学的教授，他是这个国家在农业方面公认的一个了不起的权威。他去同所在大学的校长商量，校长对此很担忧，因为他们从联邦政府那里获得了几百笔不同项目的拨款，共计数百万美元的资助，他们害怕遭到报复。
>
> 差不多也是在这个时候，报纸上报道了这么一件事：密歇根大学的一位教授在参议院某个委员会作证，反对联邦政府的某项活动，尔后这所大学的校长接到了联邦政府一位级别非常高的官员的电话。这通电话被（我应该说也许被）新闻界解读为对该大学今后拨款的威胁。……我想，这——事实上——就是[总统]在发表告别演说并警告要警惕军

---

[1] Addendum to notes for the President, November 23, 1963. EL, DDE post-presidential papers, Augusta-Walter Reed Series, Box 2, Folder: Johnson, President Lyndon B. , 1963.

工复合体时所担心的那种事情。[1]

这又是一个非常值得注意的论断：总统的弟弟——其参与了总统告别演说事宜——说，军工复合体在 1963 年和 1964 年，通过由联邦政府机构采取鸡蛋里挑骨头的威胁手法，发挥着自己的影响。当然，由于里面细节太少，因此我们很难验证米尔顿提到的事，更难以把这些事确凿地找出来。但可以证实的是，恰如艾森豪威尔总统在他的告别演说中所说的那样："联邦政府通过雇用工作、分配项目和资金力量来左右全国学者的危险无时无刻不在。"

---

[1] Milton Eisenhower Oral History, September 1967, pp. 52ff. 米尔顿在其回忆录《总统在召唤》中有类似言论，*The President is Calling* (New York: Doubleday, 1974), p. 363。

第七章 怒势汹汹

对陶氏化学的经理们来说，1966年初，前景似乎一片光明。这家总部设在密歇根州的米德兰（Midland）的公司，是美国最大的工业和生活塑料制造商，而且塑料生产还在呈爆炸性增长。陶氏化学每年生产的塑料超过10亿磅。美国家庭主妇无论是喜欢莎兰保鲜膜（1953年首次售卖家用款），还是喜欢汉迪保鲜膜（1963年首次推出），她们的钱都流入了陶氏化学的口袋。陶氏是美国1965年仅有的几十家年收入超过10亿美元的公司之一，其利润率是10年前的3倍。1966年第一季度，陶氏利润同比增长32.2%，其在全球雇佣员工已达3万余名，而且仍在继续扩张。1966年2月，该公司宣布斥资1 450万美元扩建其在路易斯安那州的化工生产设施，并表示考虑在犹他州的奥格登市（Ogden）——就在希尔空军基地（Hill Air Force Base）附近——开设一家投资"数百万美元"的锰加工厂。

这个选址并非全属巧合。美国在越南军事介入的不断升级，不管民众是否欢迎，都会给商业带来好处。1966年初，陶氏与位于康涅狄格州的联合技术公司（United Technology）一起获得了一份空军合同，为空军生产7.5万吨B型凝固汽油弹（Napalm-B）。B型凝固汽油弹是一种稍做改装的新型胶化燃烧剂，美国自1965年开始轰炸北越后，便使用这种武器向风景如画的北越倾泻火焰（在那场战争中，美国大约使用了40万吨凝固汽油弹）。这份凝固汽油弹合同很快

第七章
怒势汹汹

就变成陶氏公关上的一场"滑铁卢"。有关美国在越南使用凝固汽油弹的报道，此前已经成为主流媒体的例行报道，但激进人士出版的报纸杂志——尤其是月刊《壁垒》(Ramparts)——会进行极为逼真的描述，并把平民的伤亡往高处估计。1966 年 4 月，加利福尼亚州雷德伍德市(Redwood City)的抗议者得以将一项动议列为候选事项，那就是反对使用市有资产制造凝固汽油弹。4 名妇女因试图阻拦从位于圣何塞(San Jose)的陶氏一家工厂运出凝固汽油弹而被拘捕。在曼哈顿洛克菲勒中心的陶氏公司办公室外，纠察队员开始像雨后春笋般地多了起来，抗议者纷纷举着标语牌，上面写着"凝固汽油烧伤婴儿，陶氏化学昧心发财"几个大字。抗议活动蔓延到数十所大学，间或会把陶氏的校园招聘工作变成梦魇。1967 年 10 月，陶氏前往哈佛大学——凝固汽油弹就是第二次世界大战期间在这里发明的——招聘，结果有位招聘人员被关在一间化学实验室里长达 7 个小时。[1]

陶氏——其实并不是一家特别大的军事承包商——很快就成为企业同一场越来越不受欢迎的战争合谋的典型代表。陶氏的一位公司史研究人士称，针对陶氏的攻击"也许是有史以来对美国商业公司发起的最恶毒的攻击"。1966 年底，陶氏一位高管若有所思地自言自语道："我不希望陶氏像第一次世界大战后杜邦公司那样，因越南战争而被贴上'死亡贩子'的标签。除非我们正视并着手处理这个问题，否则极有可能出现这种情况。"[2]

在很多人那里，军工复合体彼时已经意味着，工业就是军国主义的代名词，工业就是军队的支托，为工业工作或者购买工业产品就是非正义战争的同谋。这种解释成为军工复合体众多解释的其中之一，构成了反战思潮的一部分。到 20 世纪 60 年代末，研究军工复合体的学者逐渐发展成为一个联系松散的知识分子联盟，这个联盟——本身也接近于一个事实上的复合体——不断引申有关军工复合体的核心概念，直到这些核心概念扩展成为各种发人深思的、经常是极

---

[1] 罗伯特·J. 萨缪尔森对哈佛事件及其后果做了一番缜密、翔实的描述与解释。Robert J. Samuelson, "War on Campus: What Happened When Dow Visited Harvard", *Science*, New Series, vol. 158, no. 3806 (Dec. 8, 1967), pp. 1289−1294.

[2] "最恶毒的"引语来自 Don Whitehead, *The Dow Story: The History of the Dow Chemical Company* (New York: McGraw-Hill, 1968), p. 262. 陶氏化学的这份标签为 J. J. 博迪(J. J. Boddie)所留，转引自 David Maraniss, *They Marched into Sunlight* (New York: Simon and Schuster, 2004), p. 71.

易引起争议的爆炸性理论。就像在《休伦港声明》中一样，军工复合体在这里是一个政治问题，是凝聚左翼人士的焦点，对他们来说，军工复合体解释了一场看似毫无意义的战争。早先讨论军工复合体时，人们用的是不祥的、预言性的以及描述性的语气。但到了越南时代[1]，大家在谈论军工复合体时，言语中常常充满了愤怒，人们对军工复合体的调查不仅层出不穷，而且越来越专业。这一时期，军工复合体论题扩展到包括更深入地关注军事预算过程中国会、游说集团和其他参与人士采取的具体行动；对军工复合体产生的全部经济后果的阐述（毫不奇怪，这些经济后果通常都是消极的），这些阐述最后走向了各种各样的有关五角大楼同其承包商正在"聚合"成一个单一实体的推测；进一步加大对军事经济和民用经济之间联系的关注力度，在这方面，反战团体尤其如此。

威廉·普罗克斯迈尔的崛起

鉴于立法部门在军工复合体中的主导作用，因而具有讽刺意味的是，在反军工复合体这一"教会组织"中，有位最重要的"使徒"竟然就是一名立法人士。威廉·普罗克斯迈尔（William Proxmire）首次当选美国参议员是在1957年，占用的是来自威斯康星州的名额，该席位曾经由约瑟夫·麦卡锡（Joseph McCarthy）把持。这位曾经的华尔街人士当选为参议员后，从一开始就专注于经济问题，如反托拉斯政策、利率、小企业的命运等，因而他时不时就会对自己的民主党同僚约翰·肯尼迪和林登·约翰逊提出直言不讳的批评。1965年初，在增兵越南的早期阶段，约翰逊政府试图采取各种政策来配合在那里举行的反共势力与共产党之间的谈判，普罗克斯迈尔对此甚是支持。但到了1966年，他便把自己归为"鸽派"中的一员，反对美国的军事干涉进一步升级。

对经济政策和战争的双重关注，让普罗克斯迈尔成为降低税收和削减政府开支，特别是削减军费开支的热情倡导者。当然，在联邦政府资金的诱惑面前，他也做不到无动于衷。例如，对于能促进威斯康星州造船业发展的国防拨款，他会大力支持；他也支持了牛奶价格，让该州奶牛场受益。但他和幕僚在深入探查军事预算时，捞出了一个又一个糟蹋浪费和管理不善的例子。1967年年末，普

---

[1] 本书中的越南时代即指越南战争时期。——译者注

罗克斯迈尔宣称,他委托审计总署(General Accounting Office,GAO)编写的一份报告发现,价值150亿美元的国有设备和设施存在"令人瞠目结舌的滥用现象"。他说,私营军事承包商将这些设备设施用来做自己的事,没有支付任何费用。在1968年1月的一次新闻发布会上,他点到了23家军事承包商,说它们均盗用过这些设备或设施,其中包括波音公司、雷神公司、西科斯基飞行器公司(Sikorsky Aircraft)、本迪克斯公司和TRW公司[1];奇怪的是,竟然还有两所大学。这件事让普罗克斯迈尔登上了《纽约时报》的头版,下面还有一句他亲笔书写的引文:"我认为这是军工复合体在发挥作用的一个极好例证,受害者是……纳税人。"[2]

这一指控的具体背景实际上并不是越南战争。审计总署报告中列举的几乎所有案例,其涉及的合同都始于20世纪60年代初,许多大额开支是花在土地或场所设施(如位于美国的机场飞机库)的使用上。此外,有些违规行为属于技术性问题。例如,将公共设备用于商业用途本身并不违法,但需要事先征得国防部的批准,问题是,此前并没有向国防部提出申请。但不管怎样,普罗克斯迈尔还是找到了他为之奋斗的目标。在把军工复合体解读成一个花钱不负责任、盈利中永远都有一部分来自浪费的官僚机构方面,他比其他任何人都有过之而无不及。这件事甚至成了他的一项坚定不移的奋斗事业。在接下来的几年里,他掌管的各种专门委员会就军事承包、五角大楼管理、承包商的利润以及各种采购问题举行了很多听证会。1969年,普罗克斯迈尔领导下的国会参众两院联席经济委员会(Joint Economic Committee of the Congress)发表了一份重要报告,名为《军事采购经济学》(*The Economics of Military Procurement*),该份报告成为军工复合体批评者的"圣经"。后来,他又在1970年出版的《来自荒原的报告:美国的军工复合体》(*Report from Wasteland*:*America's Military-Industrial Complex*)一书中,进一步详细阐述了该份报告的主题。鉴于当时他是越南战争的坚定反对者——正是越南战争导致民主党发生了全国性的分裂,他对军工复合体的抨击不可避免地被人们解读为含沙射影,表面上是在抨击军工复合体,实则是

---

〔1〕 TRW公司,美国著名的军火公司,全称为汤普森—拉莫—伍尔德里奇公司(Thompson Ramo Wooldridge Inc.),有时又简称为伍尔德里奇公司。——译者注

〔2〕 "Proxmire Charges Equipment Misuse", *New York Times*, December 27, 1967; "Proxmire Links 23 Contractors to Defense Waste", *New York Times*, January 6, 1968.

反对越南战争。

在普罗克斯迈尔那里,刺激国会关注军工复合体和使美国撤出越南至少同等重要。尽管他主持的国会听证会发现五角大楼及其承包商存在各种问题,如成本超支、价格串通、管制俘获、效率低下、错报敌方实力、缺乏问责等,但普罗克斯迈尔清楚地认识到,是国会在开支票。普罗克斯迈尔眼光毒辣,特别关注以下三个方面:第一,国会下属小组委员会主席拥有的权力过大;第二,承包商对地方官员施加的强大压力,这种压力最终导致后者请求联邦立法部门人士对武器合同给予支持,而不论手边的武器系统在军事上有无必要;第三,未经实质性审查就例行核准军事预算请求。他最后总结认为,国会"极易被五角大楼控制"[1]。

在之后的岁月里,普罗克斯迈尔的门徒和拥趸将进一步拓宽其开辟的道路,从"原子"乃至"亚原子"的细节层面,对国会在军工复合体中扮演的角色展开分析。例如,阿诺德·坎特(Arnold Kanter)在1972年的一篇论文——该论文涵盖的时间范围为1960—1970年——中指出,尽管人们的所有注意力都集中在国会同艾森豪威尔总统和肯尼迪总统之间的对决上,但在国防预算方面,行政部门提出的要求与立法部门最后批准的预算之间,从统计上看,差异其实相当小。坎特后来在国务院担任要职,他进一步指出,国会在两个重要的国防预算领域——人事领域和运维领域——很少做出重大改变,而是将精力集中在采购和研发上。他还指出,当国际局势高度紧张时,行政部门提出的预算金额同国会拨款之间的差额几乎为零。坎特的发现可以被解读为刺激军工复合体加剧紧张局势乃至发动战争的一大诱因,尽管这不是他的本意。

20世纪70年代开始围绕军事采购问题的分析,已经到了异常深入的程度,差不多可以因此专门设置一个"军工复合体学"(MIC Studies)研究项目。在随后的几十年中,分析人士把国会与军事预算之间的关系研究得透透彻彻。几乎每一个想得到的方面,包括政党归属、地域分布、国会下属委员会成员和领导、选举结果、

---

[1] 该短语出自普罗克斯迈尔的《来自荒原的报告:美国的军工复合体》一书,为该书第五章的标题。William Proxmire, *Report from Wasteland: America's Military-Industrial Complex* (New York: Praeger Publishers, 1970).

选举时间的安排以及分包商所扮演的角色等,都会纳入他们的考察范围。[1]

机构化的愤怒

越南时代的军工复合体批评,其最引人注目的地方是,批评的言辞激烈到了无以复加的地步。艾森豪威尔在他的告别演说中用极为关切的语气,提请人们关注一个问题,以便有识的美国公民可以防止极其糟糕的事情发生。同艾森豪威尔保持长期通信联系的诺曼·考辛斯通过自己在健全核政策委员会(Committee for a SANE Nuclear Policy)的工作[2],继续在原有的体系内为实现削减军备和禁止核试验条约等具体目标而奋斗。但在那些最激烈的批评者看来,这些努力似乎纯属徒劳,因为美国的这项事业本身就与过度军事化密不可分。到了 20 世纪 60 年代末,"军工复合体"已经成为"战争国家"(warfare state)和"国家安全至上国"(national security state)等不祥词汇的同义词。一位曾在普罗克斯迈尔委员会工作的经济学家在 1969 年写道:"直到最近,我们的研究才开始赋予艾森豪威尔的'军工复合体'这个瘦骨嶙峋的、容易引起争论的词语一些真正的血肉。现在浮现出来的是一个真正的弗兰肯斯坦'怪物'。不但有大量证据表明,过度的军费开支造成了国家资源的分配不当,我们似乎还不可避免地得出下

---

[1] Arnold Kanter, "Congress and the Defense Budget: 1960—1970", *The American Political Science Review*, vol. 66, no. 1 (March 1972), pp. 129—143. 戈登·亚当斯的《铁三角:国防承包的政治》是分析国会在军费开支中的角色的一部关键性著作,Gordon Adams, *The Iron Triangle: The Politics of Defense Contracting* (New Brunswick, New Jersey: Transaction Books, 1982)。近年来有关国会和军事采购之间的关系方面一些最透彻的研究,可参见于巴里·伦德奎斯特和托马斯·卡西合撰的《国会与国防开支》,Barry S. Rundquist and Thomas M. Carsey, *Congress and Defense Spending* (University of Oklahoma Press, 2002)。阿历克斯·闵兹主编的论文集《美国军费开支的政治经济学》中也收录了几篇相关论文,参见 Alex Mintz, ed., *The Political Economy of Military Spending in the United States* (New York: Routledge, 1992)。关于公共舆论对军费开支的强力影响这方面的例子,可参见罗伯特·希格斯和安东尼·基尔达夫合作撰写的《公共舆论:美国国防开支的晴雨表》,该文见于希格斯那部引人入胜的著作《萧条、战争与冷战》,Robert Higgs and Anthony Kilduff, "Public Opinion: A Powerful Predictor of U. S. Defense Spending", in Robert Higgs, *Depression, War and Cold War* (New York: Oxford University Press, 2006), pp. 195—207。

[2] 美国健全核政策委员会成立于 1957 年 6 月 21 日,自称"the National Committee for a SANE Nuclear Policy",也写作"SANE, the Committee for a Sane Nuclear Policy",发起人包括诺曼·考辛斯、美国公谊服务委员会秘书长克拉伦斯·皮克特(Clarence Pickett),以及前第一夫人埃利诺·罗斯福等文学界、科学界、宗教界、商界、劳工界代表人士。——译者注

述结论,即社会已经因由此造成的压力和扭曲而遭受了无法弥补的损害。"[1]同年,曾在肯尼迪政府工作的理查德·J.巴尼特(Richard J. Barnet)出版了一本关于军工复合体的书,名为《死亡经济》(The Economy of Death)。另一本批评性著作《守护五角大楼的人》(The Pentagon Watchers)则断称:"具有讽刺意味的是,虽然美国领导人声称他们只是对苏联等国家的政治制度所带来的全球性挑战做出回应,但美国现在越来越像乔治·奥威尔(George Orwell)在《1984》中描绘的那种专制国家。就像在那部作品中一样,政权的存活本身已经成了目的;也像法西斯意大利或纳粹德国那样,政权的工作就是制造战争。"[2]

这两本著作代表了军工复合体研究的另一座重要里程碑,那就是研究的运作方式走向机构化。两部著作都是巴尼特和马库斯·拉斯金(Marcus Raskin)于1963年创立的政策研究所(Institute for Policy Studies)的产品,巴尼特和拉斯金都是不满政府的政策分析专家,各自在国务院和国防部工作过。布鲁金斯学会(Brookings Institution)这所远没有那么激进的机构(罗伯特·S.麦克纳马拉也在这里任董事会成员),也瞄准了军事采购问题。1968年,它发表了一份颇具影响力的报告《政府合同和技术变革》(Government Contracting and Technological Change),从历史角度对政府发包合同所引起的各种问题做了一番概括性的审视。该报告在很大程度上证实了普罗克斯迈尔的观点,即五角大楼是不受约束的浪费性开支的一个来源。报告测定,20世纪50年代,许多大型军事合同"最终涉及的费用均超过当初合同估算金额的300%~700%"。

还有一个机构是1969年问世的"对军工复合体采取行动/展开研究全国工程"(National Action/Research on the Military-Industrial Complex)。这是总部设在费城的美国公谊服务委员会(American Friends Service Committee, ASFC)[3]的一个项目。该项目是一个有关军方、商界和大学的信息交换中心,并最终制作了自己的小册子和视频。它的研究还在经济优先事项委员会(Council

---

[1] Richard E. Kaufman, "As Eisenhower was saying…'We Must Guard Against Unwarranted Influence by the Military-Industrial Complex'", *New York Times Magazine*, June 22, 1969, p. 10.

[2] Leonard S. Rodberg and Derek Shearer, eds., *The Pentagon Watchers: Students Report on the National Security State* (Garden City, New York: Doubleday, 1970), p. 2.

[3] 美国公谊服务委员会是美国的非营利性非政府组织,成立于1917年,总部位于费城。——译者注

on Economic Priorities)[1]的一个早期项目中起到了重要作用。经济优先事项委员会是一位名叫爱丽丝·泰珀(Alice Tepper)的年轻人于1969年在华盛顿特区创立的智库。在创立经济优先事项委员会之前,泰珀是一名股票经纪人。在接下来的几十年内,经济优先事项委员会——资金通常来自各家劳工联盟、卡内基公司和奥廷格基金会(Ottinger Foundation)等机构的赞助——出版了许多从各个方面考察军工复合体的书籍,如《迭出的军事花招:国防承包商和国防部人员互换分析》(Military Maneuvers: An Analysis of the Interchange of Personnel between Defense Contractors and the Department of Defense, 1975)、《B-1轰炸机:战略效用、成本、选区及经济影响分析》(B-1 Bomber: An Analysis of Its Strategic Utility, Cost, Constituency and Economic Impact, 1976)、《铁三角:国防承包的政治》(Iron Triangle: The Politics of Defense Contracting, 1981)、《跷跷板:军事扩,经济衰》(Military Expansion, Economic Decline, 1983)等。不过,从诸多方面把人们对军工复合体的思考进一步明确化和具体化,并赋予其持久影响的,则是经济优先事项委员会于1970年秋出版的《杀人的效率》(Efficiency in Death)一书。该书是美国公谊服务委员会的研究成果,专门研究以杀人而不是摧毁财产和军事设施为目的的杀伤性武器的生产制造问题,主要是集束炸弹的生产制造问题。整部著作除前面做了一些介绍性的说明外,几乎都是参与制造这些武器的100家最大私营公司的有关信息。这其中较大的公司,有几家是著名的军事总承包商,如霍尼韦尔公司和斯佩里—兰德公司(Sperry-Rand)等;大部分是人们熟悉的日用品生产商,如宝路华钟表公司(Bulova Watch Company)、通用汽车、摩托罗拉(Motorola)、乐柏美(Rubbermaid)、尤尼罗伊尔(Uniroyal)、惠而浦(Whirlpool)等。[2] 书中几乎所有的数据都是以华尔街分析师出具公司报告那样冷静地呈现出来,但其中的含义很清楚:你投资这些公司、为这些公司工作或者光顾这些公司,你就是让越南平民惨死的同谋。泰珀和她的同事们针对军工复合体采取的行动远远超出了由来已久的抵制活动。他们建

---

[1] 经济优先事项委员会又译为经济优先权委员会。两种译法均不尽如人意,后一种更甚,故此处将就选择前一种。该委员会旨在推动企业将社会责任列入经济工作的优先事项。——译者注

[2] The Council on Economic Priorities, *Efficiency in Death: The Manufacturers of Anti-Personnel Weapons* (New York: Harper and Row, 1970).

议将各种行动主义工具与各种投资工具结合起来,让参与战争从公司金融角度失去吸引力。这是后来被称为社会责任型投资(socially responsible investing)的开始。[1]

转型还是融合?

正当新一代活动家对企业如何支持战争刨根究底之时,一批新的经济学家也在试图弄清军备和裁军对经济的影响。这方面最重要的努力来自哥伦比亚大学经济学家西摩·梅尔曼(Seymour Melman)。梅尔曼是与诺曼·考辛斯一起创建健全核政策委员会的成员之一,他在探究经济和军事之间的交叉问题上投入了整整半个世纪的时间。早在1962年,他就编辑了一本论文集,名为《裁军:政治与经济》(Disarmament: Its Politics and Economics),其中有好几位撰稿人——包括伯特兰·罗素(Bertrand Russell)——阐述了核查制度、工业转型、联合国的作用以及超级大国裁军后如何管控核扩散的风险等计划。在整个20世纪60年代后期,他出版的大部分著作是致力于按部就班地考察如何将军工复合体转型为一种和平经济。[2] 他还试图提请人们注意庞大的军事部门耗费的巨大的机会成本。在1965年出版的一部著作中,他写道:"旷日持久的冷战分流了民用行业的高级人才。一个人不可能同时既是商船的设计者,又是火箭箭体的研究者。由于偏爱火箭,我们自然而然地选择了枪炮而不是黄油。"[3]

这一提法至少意味着,可以通过裁军来实现经济的反转。然而,越南让梅尔曼变得极其悲观。在梅尔曼1970年出版的标志性著作《五角大楼资本主义》(Pentagon Capitalism)一书中,美国政府在他的笔下完全受制于自身管理战争经济的需要,并认为这一结果是他所称的"一种制度化的权力欲"(institutional-

---

[1] Socially Responsible Investing,社会责任型投资(一般称为社会责任投资,简称SRI),是一种将经济收益与社会责任相统一的投资模式。由于"社会责任投资"具有歧义,故此处选择译为"社会责任型投资"。与该组织及此处"社会责任型投资"相关的是,1997年初,经济优先事项委员会成立了经济优先事项格认证委员会(Council on Economic Priorities Accreditation Agency, CEPAA),对社会责任型企业机构开展认证。2001年,经济优先事项格认证委员会更名为社会责任国际(Social Accountability International, SAI),并由其咨询委员会负责起草社会责任国际标准。——译者注

[2] Seymour Melman, *Disarmament: Its Politics and Economics* (Boston: American Academy of Arts and Sciences 1962).另参见梅尔曼与普雷格出版社合作出版的系列著作,包括 *Local Economic Development after Military Base Closures*。

[3] Seymour Melman, *Our Depleted Society* (New York: Dell, 1965), p. 95.

ized power-lust)的产物。按照梅尔曼的说法,艾森豪威尔准确无误地描绘了当年组成军工复合体的那些强大力量之间松散的联盟关系。但此后10年里,国防部权力的集中和强化给军工复合体带来了一种正式的组织结构,这注定要毁掉美国的经济。在梅尔曼看来,把美国在越南的行动看作帝国主义的一种形式远远不够,"如今国内又增加了一个寄生机构网络。两者的结合,就是新帝国主义"[1]。

在20世纪60年代末和70年代研究军事—经济问题的理论工作者中,默里·L.魏登鲍姆(Murray L. Weidenbaum)称得上是其中一位突出人物。在研究这一主题的中坚学者当中,只有他一人曾在军事承包公司担任重要职务(1958—1963年担任波音公司首席经济学家),并在两届共和党政府(尼克松政府和里根政府)任职。魏登鲍姆采取了一些举措,来同军工复合体划清界限,这些举措要说有什么效果的话,那就是让他对军工复合体的批评更加可靠、可信。自20世纪60年代中期以来,魏登鲍姆认为,军事承包商为五角大楼工作,会在几个方面对自己造成损害,例如,妨碍自己作为商业公司的发展;失去创新的动力和能力;对投资者的吸引力减弱,尽管其获得的利润可能比同等规模的民用公司更丰厚。魏登鲍姆可以被看作站在自由市场角度对军工复合体进行批评的人。

因此,他在1968年的一篇影响极大的论文中,描述国防部与主要供应商之间日益"融合"的状况时,就这种状况发出了警告。个中原因,不是他认为这种关系不经济或损害美国经济,也不是因为它不能满足国家的需要,而是因为这样会让供应商对政府资金产生依赖,从而损害自己的长期发展前景。[2]这种观点可能反映了他在波音公司的经历。有趣的是,在他的《融合》一文中,魏登鲍姆写道:"供应商普遍缺乏创业精神和承担商业市场风险的意愿,只有波音公司例外。自1958年以来,它就没有赢得过一次重大军事合同的竞争。该公司在过去10年中,投入数亿美元的自有资金用于商用飞机的开发,并取得了相当大的成功。"

审视融合的另一种方式是,为何不去掉中间商? 两个实体——发包方五角大楼以及一群承包公司——可以合并成一个。政府可以直接拥有这些主要承包商,而从推测的角度看,没有了利润要求,就可以节省纳税人的钱。提起这一立

---

[1] Seymour Melman, *Pentagon Capitalism* (New York: McGraw-Hill, 1970), p. 34.
[2] Murray Weidenbaum, "Arms and the American Economy: A Domestic Convergence Hypothesis", *American Economic Review*, vol. 58, no. 2 (May 1968), pp. 428–437.

场，人们首先想到的就是约翰·肯尼思·加尔布雷斯(John Kenneth Galbraith)。加尔布雷斯认为，大企业和大政府走的通常就是这条路："人们将越来越多地认识到，随着自身的不断发展，成熟的大公司慢慢成为比它更大的、与国家紧密相连的行政复合体的一部分。假以时日，两者之间的界限就会消失。"[1]在国会作证的证词以及1969年撰写的一篇文章中，加尔布雷斯建议把军事承包商当作公共实体对待。[2]

对于这一论证，有好几种回应，其中最显而易见的反驳是，大公司的永久国有化在美国历史上鲜有先例，其中部分原因在于，由政府经营的制造商是否真的比私营制造商更具创新性、更有效率，存有疑问。[3]

这里还有一个更逗人的回应，那就是，美国政府虽然没有明确说出国有化政策，但在20世纪60年代和70年代实际上参与了支持——有时候则索性直接持有——为五角大楼提供服务的一些公司的业务。

这其中最著名的例子，是当时美国最大的军事承包商洛克希德飞行器公司(Lockheed Aircraft)。该公司尽管在20世纪60年代中期获得了一份金额可观的合同，价值19亿美元，用以建造C-5A军用运输机，但60年代末还是陷入了困境。洛克希德1969年亏损1 950万美元，1970年亏损8 630万美元。由于成本超支，公司步履蹒跚、濒临破产，于是请求国防部提供史无前例的6亿美元联邦贷款担保。1971年夏，国会授权政府为高达2.5亿美元的贷款提供担保；该项授权法案是在副总统斯皮罗·阿格纽(Spiro Agnew)投出决定性的一票，从而打破平局的情况下，才在参议院获得通过。这件事激发普罗克斯迈尔创造出了"公司福利"(corporate welfare)一词。

虽然对洛克希德的紧急财政援助是政府直接出手救助军事承包商的最有名的例子，也是金额最大的救助案例，但之后的新闻调查发现了许多以前没有披露(如今已经基本被遗忘)的军方出手援救供应商的事件。1972年，长岛一家名为GAP仪器公司(GAP Instrument Corporation)的小型"仙股"公司(penny-stock

---

[1] John Kenneth Galbraith, *The New Industrial State* (Boston: Houghton Mifflin, 1967), p. 393.

[2] John Kenneth Galbraith, "The Big Defense Firms are Really Public Firms and should be Nationalized", *New York Times Magazine*, November 16, 1969, pp. 50ff.

[3] 例如，参见 J. A. Stockfisch, *Plowshares into Swords: Managing the American Defense Establishment* (New York: Mason and Lipscomb, 1973), pp. 271—272。

company)发现自己无法履行为海军驱逐舰制造消防控制台的 310 万美元合同,该公司希望重新协商合同,把价格提高,但遭到海军拒绝。海军也考虑过给这家公司提供一笔借款,但最后得出结论,这么做只会让 GAP 背上无力偿还的债务。因此,海军援引《战争权力法案》(War Powers Act)中一项模糊条款,以 170 万美元的价格买下了 GAP 的全部优先股,成为其最大的股东。

这笔交易虽然很小,但从任何传统的自由市场理论来看,都是站不住脚的。这家公司连续 4 年亏损,实际上已经资不抵债。其普通股的交易价格当时可能处在最低点,为每股 12.5 美分,整个公司的市值满打满算最多 20 万美元。此外,优先股还没有转售价值。国防部官员所能给出的最好理由,就是纯粹的绝望:"这是最后一线希望。这就好比有个家伙在你面前,这该死的家伙已经濒临破产,我们都在说执法人员拿着挂锁就站在那儿。若非他由此可以缓口气,我们早就让执法人员把他家的门锁起来贴上封条了。"[1]《时代》(Time)杂志把这种新的发展事态径直放在艾森豪威尔告别演说的背景下加以审视,并嘲弄说:"在军事—工业复合体中使用的那个连字符……也许已经短了一截。"[2]

日益密切的关系

五角大楼可以成为私人企业的大股东这个观念,从某些方面来看不足为奇。20 世纪 60 年代后期军工复合体研究的一个主要趋势,是分析军队对人们心目中的非军事领域的侵蚀。这种批评在一定程度上是越南时代其他抗议活动,特别是对征兵的抵制和要求将后备军官训练团(Reserve Officer Training Corps)从大学校园撤出的抗争的自然延伸。大学常常是军事影响和非军事影响的交叉地带,如前章所述,早在 1963 年,加利福尼亚大学伯克利分校校长克拉克·克尔就指出,知识界已经成为军工复合体的组成部分。1967 年 5 月,有一本面向教育工作者的杂志《卡潘》(Phi Delta Kappan)专门推出了一期特刊,介绍非军事教育工作与军事教育工作之间"日益密切的关系"。该杂志指出,这种密切关系大有益处,但同时也指出,"它带来了各种各样程度不一的问题,小则令人困惑,大

---

[1] David A. Andelman, "Navy Buys $1.7-Million in Stock of Ailing Defense Plant on L. I.", *New York Times*, December 27, 1972.

[2] "Contractors—The Navy as Banker", *Time*, January 15, 1973.

则令人惊恐"[1]。高等院校和军队一定会在某种程度上进行合作,因为"国家安全既是一个军事问题,同时又是一个哲学、心理、政治和教育问题"。文章接着说,与此同时,这两个机构之间也必然存在竞争,相互争夺人力、资源,竞相塑造美国年轻人的思维方式。

这一竞争如今已演化为公开的争论。1966年9月,包括7位诺贝尔奖获得者在内的22位美国科学家联名签署了一份请愿书,敦促美国政府停止使用生化武器。这一争议很快就在那些正从事军方资助的除草剂、催泪弹、细菌制剂和其他武器研究的大学校园突然爆发。1967年年初,宾夕法尼亚大学校董们迫于学生和全体教师的压力,拒绝了国防部价值200万美元的生化战争研究合同。做出这一决定,部分是因为这与越南战争有着直接关系,部分是因为许多教授认为,机密性质的研究——不管谁出资——对知识探索精神都是有害的。在接下来的几个月内,斯坦福大学、麻省理工学院和其他院校都爆发了类似的大规模争论。[2]

在大学校园里,也有人替秘密军事研究或其他方面的军事研究进行辩护,认为只有这样,才能让教师始终站在他们领域的前沿。[3]但很少有人会为政府在大学校园里开展的另一项活动公开辩护,即中央情报局对美国全国学生联合会(National Student Association)的秘密资助。早在20世纪50年代,中央情报局就花费数百万美元将全国学生联合会变成了前线组织,用以影响学生群体的看法和意见、收集国内外学生领袖的情报。这种渗透与联邦调查局在"反谍计划"(COINTELPRO)下开展的国内密探活动以及为此使用的肮脏伎俩相吻合,后者主要通过散布虚假信息来诋毁和分裂包括像黑豹党(Black Panthers)、美国印第安人运动(American Indian Movement)这样的激进团体。[4]这类活动是

---

[1] "Soldiers and Scholars", *Phi Delta Kappan*, May 1967, p.417.

[2] 关于五角大楼资助的研究在两所大学如何发生转变,斯图尔特·W. 莱斯利做了精彩的记述,参见 Stuart W. Leslie, *The Cold War and American Science: The Military-Industrial-Academic Complex at MIT and Stanford* (New York: Columbia University Press, 1993).

[3] 例如参见"Universities: The Case for Secret Research", *Time*, November 21, 1967.

[4] 关于中央情报局插手全国学生联合会和其他各种文化与政治组织的历史,休·威尔福德有丰富、翔实的叙述,具体参见 Hugh Wilford, *The Mighty Wurlitzer: How the CIA Played America* (Cambridge, Massachusetts: Harvard University Press, 2008)。要寻找联邦调查局在"反谍计划"名义下的肮脏伎俩的"宝藏",最好的指南仍然是一卷本的《"反谍计划"文件集》,Ward Churchill and Jim Vander Wall, eds., *The COINTELPRO Papers* (Boston: South End Press, 1990).

否确实属于军工复合体的一部分,尚有争议。但对许多人来说,国内的密探活动都用冷战来进行合理化解释,并且一贯使用密探手段来对付国内非暴力政治异见人士,的确构成了兵营国家的"臂膀"。

五角大楼的影响远远超出了大学的范围。参议员 J. 威廉·富布赖特(J. William Fulbright)——他很早就站出来反对越战——从 20 世纪 60 年代末开始,举行了一系列听证会,发表了一系列演讲,向人们展示了军方怎样试图塑造国内外公众舆论的情况。像召开新闻发布会和发布新闻稿这样的策略已经显得过时。在富布赖特看来,现代军队就是一个五星级的公关机构,拥有数千万美元的公关经费。其公关活动包括:组织事实调查团,争取那些可能反对在自己家乡附近部署军事设施的社区领导人的支持;每月向全国各地的扶轮社(Rotary clubs)[1]和劳军联合组织(United Services Organization, USO)[2]理事单位派出数千名讲解员;充当组稿商(literary agency),组织军方人员撰写支持五角大楼的文章;调配 5 个电视摄制组,从正面描绘美国在越南的行动;有针对性地在士兵家乡的报纸和广播电台采访他们;出借船只、飞机和其他设备给如《绿色贝雷帽》(The Green Berets)这样的电影制作项目,以换取这些电影保证"符合"国防部的"最佳利益"。富布赖特警告说,这些活动是日益蔓延的军国主义的一部分,可能让军工复合体"获得堪比第一次世界大战前德国总参谋部的权力"[3]。

霍尼韦尔专项行动

但是,对五角大楼的抽象权力的批评,通常只是更加直接的行动的陪衬。在全美各地的大学校园内外,美国人在教会团体和专门的社会活动组织的组织下,亲身参与反对他们所认为的军工复合体,将行动直接对准公司,偶尔还会采取暴

---

[1] 扶轮社是指以增进职业交流、提供社会服务、致力世界友好与和平为共同宗旨的服务性社团组织。每个扶轮社均为独立运作的社团,通常以所在城市或地区名称作为社名,并定期举行聚会,成员需来自不同职业。全球第一个扶轮社于 1905 年始创于美国芝加哥市。最初,扶轮社的定期聚会每周轮流在各社员工作场所举行,故名。——译者注

[2] 劳军联合组织是美国劳军组织,成立于 1941 年,由基督教青年会、基督教女青年会、全国天主教社区服务队、救世军、全国犹太人福利会和国家旅行者救助协会 6 家活动团体联合组建。——译者注

[3] J. W. Fulbright, *The Pentagon Propaganda Machine* (New York: Liveright Publishing, 1970), p. 142.

力策略。这些行动——并非总是针对越南问题——反而让早期对陶氏化学的抗议显得不那么激烈。在1970年4月的几个星期里,包括波音公司和海湾石油公司(Gulf Oil)在内的9家大公司召开的年度股东大会均遭到了攻击。这其中有一个特别引人注目的组织,即霍尼韦尔专项行动(Honeywell Project)。该组织是由明尼苏达州反对霍尼维尔生产集束炸弹的活动人士组成的一个联盟。作为一家与军方有关联的公司,霍尼韦尔是比陶氏更大的也更合乎攻击情理的目标,因为它是明尼苏达州最大的私营企业,也是五角大楼第十六大承包商。抗议者认为,由于集束炸弹是专门用来杀人的,因此根据第二次世界大战后的纽伦堡原则(Nuremberg Principles),使用集束炸弹构成了战争罪。

霍尼韦尔专项行动由玛丽·达维多夫(Mary Davidov)领导。达维多夫是一名退伍军人,曾经参加"自由乘车"(Freedom Ride)民权抗议活动。[1]在达维多夫的领导下,霍尼韦尔专项行动采取了针对霍尼韦尔的全方位措施,包括会见霍尼韦尔董事会成员、向位于明尼苏达州霍普金斯的集束炸弹工厂散发传单,以及购买霍尼韦尔的股票。1970年,数千名抗议者凭借这些股票参加了在明尼阿波利斯举行的公司年度股东大会。[2]随之发生的骚乱致使会议刚召开14分钟就被迫中断。被拦在公司总部门外不能进场的数百名抗议者,开始向总部大楼投掷瓶子。公司报警后,大批明尼阿波利斯警察来到现场,并向人群喷洒了梅斯催泪毒气。

两天后,尼克松政府宣布美军已经武装入侵柬埔寨,从而引发了全国各地的抗议活动。在俄亥俄州肯特州立大学,4名学生被国民警卫队枪杀。参加霍尼韦尔专项行动的抗议者们——其中许多人同明尼苏达大学有着各种联系——在明尼阿波利斯校园举行了示威活动。5月4日,5 000名师生投票支持全校范围内的罢课,抗议美军入侵柬埔寨。当数百名学生开始占领莫里尔楼(Morrill

---

〔1〕 20世纪60年代初民权活动人士开展的一项运动。参加运动的成员乘坐跨州巴士前往种族隔离现象严重的美国南方,敦促全国客运线路和汽车客运站取缔种族隔离。具体乘坐方式如下:至少有一对黑人和白人坐在联座上;至少有一名黑人坐在当地留给白人乘客的前排座位上;其他人则分散坐在其他座位上;其中一人需遵守种族隔离规定,以便联络该项活动的资助方争取种族平等大会(CORE)总部,这样一旦其他人员被捕,便可为他们安排保释。——译者注

〔2〕 对明尼苏达抗议活动的描述,部分参考了以下这部著作:Stanford E. Lehmberg and Ann M. Pflaum, *The University of Minnesota*, *1945—2000* (Minneapolis: University of Minnesota Press, 2001), pp. 118—123。另参见"War Foes Adopt Business Tactic", *New York Times*, December 28, 1969。

Hall)时,示威活动开始出现失控的迹象,该所大学的校长于是决定向人群发表讲话。他提议举行为期一天的座谈会。不过示威活动仍在继续。5月16日,抗议者再次向校长提出5项要求,其中包括后备军官训练团撤出校园、停止与战争有关的研究、剥离大学在军火供应公司的股份等。这位大学校长又一次通过与抗议者之间的人际互动化解了活动的暴力倾向。

这位大学校长就是马尔科姆·穆斯。若是抗议者知道是穆斯将"军工复合体"一词带到了这个世界的话,他们会看到,这在穆斯身上几乎没有留下任何历史痕迹。[1]

---

〔1〕 的确,作为艾森豪威尔演讲撰稿人的穆斯和作为明尼苏达大学校长的穆斯,在军工复合体上的态度,前后判若两人。在后者的身上简直找不到前者的蛛丝马迹。——译者注

第八章 "艾森豪威尔的棺材板压不住了"

"我们现在是在白宫和美国总统办公室播放德怀特·D.艾森豪威尔的讲话。这是艾森豪威尔总统的告别演说,他的八年行政首长生涯于周五中午结束。"以这句介绍语开头,2005年专题纪录片《我们为何而战》(Why We Fight)的制作播出,标志着艾森豪威尔告别演说在美国再次获得某种程度的关注。从20世纪80年代末到21世纪初,对军工复合体的讨论相对沉寂。20世纪80年代以后发表的寥寥几项对军工复合体的批判性分析,并没有在观念上取得多少突破;相反,基本上是在沿袭越南战争结束之际的那些论点。但旷日持久的伊拉克战争以及烈度较小的阿富汗战争,最近重新燃起了人们对军工复合体的兴趣。《我们为何而战》由尤金·贾瑞奇(Eugene Jarecki)执导,聚焦于美国对某种永久性战争经济的迷恋。该部影片较为详尽地表达了一种流行的看法,即军工复合体对2003年开始的伊拉克战争负有主要责任。影片指出,军事承包商需要创新和宣传自己的产品,以确保源源不断地拿到合同;点明了石油对国家安全的重要性,尤其是点明了军事基础设施供应商哈利伯顿公司(Halliburton)与副总统迪克·切尼(Dick Cheney)之间的联系。在详细讨论了艾森豪威尔的演讲——包括采访艾森豪威尔的儿子约翰和孙女苏珊——之后,一位评论员说道:"我想,艾森豪威尔的棺材板此刻压不住了。"

第八章
"艾森豪威尔的棺材板压不住了"

切尼和哈利伯顿公司在伊拉克战争中扮演的角色,备受争议的关塔那摩湾(Guantanamo Bay)拘留中心,阿布格莱布(Abu Ghraib)监狱被曝光的酷刑,以黑水(Blackwater)公司为代表的安保与作战的私营化,以及费用超支、战争超时和美国在战争中死亡人数超出预期,伊拉克战争所引发的这些具体争议,重新唤起了人们对军工复合体的兴趣。此外,还有其他迹象表明,人们又重新迷上了艾森豪威尔的告别演说。到2010年初,该演说的视频版在YouTube上的浏览量已经超过50万人次。对他的赞美之辞很少有哪位总统可与之媲美。后缀"—工业复合体"已经成为描述公共利益与私人利益相互交织的一种便利方式(当然也已经被滥用),通常在某种程度上用以表示获利的动机压倒了理性的政策评估。批评美国刑罚体系急剧扩张的人,常常提及"监狱—工业复合体"[1];金融作家巴里·里托尔茨(Barry Ritholtz)给21世纪初的高风险房地产泡沫市场起的绰号是"房地产—工业复合体"[2];否认全球变暖的人总是谈到"气候—工业复合体";人们经常读到"药物—工业复合体""医疗—工业复合体",乃至以健康之名推销批量生产的食品的"有机—工业复合体"。虽然人们通常认为这些所谓的复合体都只局限于自身,彼此互不相干,但有些精力充沛的观察家总想着把它们与军事—工业复合体联系起来。2008年,尼克·图尔斯(Nick Turse)撰写了一本书,该书取了一个带有半开玩笑性质的标题《复合体:绘制美国军事—工业—技术—娱乐—学术—媒体—企业矩阵图》(*The Complex: Mapping America's Military-Industrial-Technological-Entertainment-Academic-Media-Corporate Matrix*)。

对军工复合体的重新关注是否意味着它在艾森豪威尔发表讲话50年之后依然存在,而且仍旧在发挥不正当的影响?这个问题有一个显而易见的衡量标准,该标准也是艾森豪威尔的主要关注点之一,那就是总体军费开支。自20世纪50年代初以来,任何指望美国军费开支会在绝对意义上大幅缩减的人,几乎总是失望而归。许多评论家认为,美国的军事和政治精英为了维持高额的军费

---

[1] 举例来说,这就是埃里克·施洛瑟(Eric Schlosser)发表在《大西洋月刊》上的一篇文章的标题。具体参见 *The Atlantic*, December 1998, pp.51—77。
[2] Barry Ritholtz with Aaron Task, *Bailout Nation: How Greed and Easy Money Corrupted Wall Street and Shook the World Economy* (Hoboken, New Jersey: John Wiley and Sons, 2009), p.89.

开支,一直在夸大甚至捏造美国面临的安全威胁。[1]尽管这些看法可能演变成阴谋论,但在艾森豪威尔的白宫,这些看法并非不为人知。不管怎么说,至少军费支出的数字已经说明了一切。罗伯特·希格斯(Robert Higgs)通过测算得出,按2005年的美元价格统计,从1948年到1989年,美国实际军费开支接近13万亿美元。这一时期的总体趋势是军费开支逐年增加,但该趋势多半不是来自对国家安全威胁上升的任何评估。[2]简单地说,美国处在相对和平的时期这一事实,对其军事上的开支几乎没有影响——这就有力地表明,肯定有其他力量在起作用。

这里便存在这样一种情况,即声称要采取一系列措施放缓军事建设步伐,但这一切实际上从未变成现实。20世纪60年代末,理查德·尼克松开始谈及结束美国在越南的干涉,经济学家和政策制定者便预备去军事化,但去军事化这件事从来没有发生。冷战结束时,许多政治领导人大肆兜售"和平红利"观,认为曾经专门用于抵抗苏联的资金现在可以用来做其他的事。例如,在1992年的总统竞选中,两党候选人都计划在未来5年内,将军费开支削减660亿～2 000亿美元。[3]剔除通货膨胀因素,20世纪90年代军费开支确实有所削减,但在乔治·W.布什政府时期,情况又出现了逆转。奥巴马政府的军费开支(不仅包括国防部的预算项目,而且包括与军事相关的债息、用于伊拉克和阿富汗两个地方的开支、联邦政府其他各部门的军费开支以及退伍军人的福利)如今每年超过1万亿美元,按不变美元计算,远高于冷战时期,远高于越南战争和里根时期的扩充军备;而且这是在没有任何对手的军费开支可与之匹敌的情况下投入的,美国用在军事上的开支,超过了所有其他国家的总和。

当然,绝对军费开支并不是唯一的尺度,甚至也不一定是最好的尺度。艾森豪威尔担心的是,军事力量的增长与整个国家不成比例。因此,衡量军事预算规模有一个指导性(即使算不上十分可靠)的尺度,那就是将它与其他政府开支以及整个经济进行比较。在大多数情况下,这些比率大大低于1961年。朝鲜战争

---

[1] Ismael Hossein-Zaden, *The Political Economy of U. S. Militarism* (New York: Palgrave Macmillan, 2006).

[2] Robert Higgs, "The Cold War Economy: Opportunity Costs, Ideology, and the Politics of Crisis", *Depression, War and Cold War* (Oakland, California: Independent Institute, 2006), chapter 6, pp. 124—151.

[3] Leslie H. Gelb, "What Peace Dividend?" *New York Times*, February 21, 1992.

期间,军费开支占政府总开支的 70% 左右;艾森豪威尔发表告别演说时,这个数字接近 50%。如今这一比例按照大多数人的估计,约为 20%,尽管有些经济学家坚持认为,如果对联邦支出采用更加实事求是的定义,那么用于军事目的的比例要高得多。[1]亚历克斯·罗兰(Alex Roland)提出了另一个衡量标准,这个标准紧扣艾森豪威尔当初的讲话:军事研究与开发的总支出占政府支出的百分比。从朝鲜战争结束到 20 世纪 60 年代中期,这一数字从 2% 飙升到 12%,这也许可以用来解释艾森豪威尔在科技精英问题上火急火燎的心情。此后这一数字不断下降,目前在 5% 左右。[2]

衡量军队影响力的另外一种常用方法,是把军费开支同整个美国经济放在一起加以比较。像所有衡量标准一样,该标准也有其局限性,但它触及了永久性战争经济这个问题的核心。自 1961 年艾森豪威尔卸任以来,以 2005 年不变美元计算,美国国内生产总值从约 2.9 万亿美元上升到了 2008 年的约 13.3 万亿美元,增幅超过 4 倍。[3]虽然有些经济学家以及其他人等坚持认为,强劲的军事部门是美国经济增长的必要条件,但军费开支与经济增长之间的关系并不是线性的,而且几乎不可能根据军费开支的水平来预测经济活动。自朝鲜战争结束以来,军费开支占国内生产总值的比例一直呈下降趋势,从艾森豪威尔卸任时的约 12.5% 降到了 2008 年的 7.3% 左右。在这半个世纪里,这一比例在几个相对军事扩张时期稳步下降,而且幅度相当小。历史学家和经济学家已经充分探讨了其中两个问题,即越南战争和里根政府的军备扩张。尚未展开深入分析的是我们正在经历的另一个这样的时期——21 世纪初。如图 8.1 所示,2001 年,军费开支占整个经济的比例为 6%,降到了第二次世界大战后的最低点。从那以后,这一比例逐年提高,如今已经超过 7%,接近 20 世纪 70 年代末的水平——

---

〔1〕 奥古斯塔州立大学(Augusta State University)经济学教授尤尔根·布劳尔(Jurgen Brauer)的工作令我受益匪浅。布劳尔在对政府支出数字进行广泛分析的过程中,罗列了几种判定军费开支的方法,如何定义军费开支不可避免地会涉及政治判断。我们可以在布劳尔的网页上看到他用图表的形式呈现的定义军费开支的不同方法。网址:http://www.aug.edu/~sbajmb/econdata_milex.pdf。

〔2〕 Alex Roland,*The Military-Industrial Complex* (Washington D. C.: American Historical Association,2001),p. 9.

〔3〕 数据来自美国商务部下属的经济分析局(Bureau of Economic Analysis)。经济分析局将 2005 年的美元价值作为测算基准,考虑到通货膨胀因素,2005 年之前的美元价值相对较高,2005 年之后的美元价值相对较低。经过比较,2008 年的"实际"GDP 为 14.4 万亿美元,比 1961 年的"实际"GDP5 448 亿美元高出约 26 倍。

当时冷战仍在继续。[1]

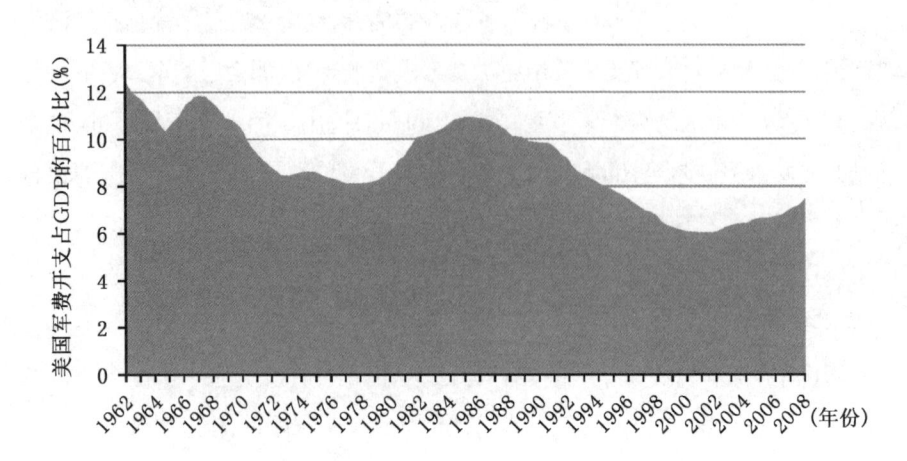

图 8.1　1962—2008 年美国军费开支占 GDP 的百分比

鉴于"9·11"事件后安全开支的增加以及伊拉克战争和阿富汗战争的花费，这一增长也许并不令人意外。但在此期间，美国也经历了一次经济紧缩。这次紧缩从某种程度上说是自大萧条以来最严重的一次。20 世纪 80 年代初也发生过一次严重的经济衰退，那时是军费开支开始膨胀的另一个时期。如果说军费开支是一种经济刺激形式的话，则这种形式对经济的刺激并不怎么有效，而且经济增长不仅远远滞后于军费开支，而且滞后的时间非常随机，这似乎也让它对决策者毫无用处。

然而，如果我们把军费开支与经济之间的关系看作一个分数，把军费开支看作分子，把经济看作分母，这些数字告诉我们的有关分母的情况与上文告诉我们的有关分子的情况相比，恐怕只多不少。这些数字所反映的真实情况是，战后美国经济以惊人的速度扩张，犹如一只蝴蝶，基本上挣脱了第二次世界大战和朝鲜战争期间织就的军事之茧。况且，这一增长有很大一部分可能是由于包括数字计算机、芯片、卫星与电信、航空、计算机网络以及互联网等在内的技术的商业化所致，这些技术均曾一度处于军事管制之下。

因此，尽管美国如今的军费开支水平可能让艾森豪威尔的棺材板都快压不

---

[1]　数据来自各种政府消息。我使用的是尤尔根·布劳尔的数据汇编，并将全部军费支出（其中包括国防部和退伍军人事务部的预算，加上国防预算之外的军事费用）折算成所占人均 GDP 的百分比。

住了，但他也许快认不出今日美国其"军事—工业复合体"提法中的"工业"那一半了。与艾森豪威尔卸任时相比，我们的经济、社会与军队之间的关系已经大不相同。鉴于美国几十年来一直在去工业化，"军事—工业"这个术语在某种程度上已经过时了。美国制造业就业岗位在1979年达到顶峰，约为1 950万个。到2009年年中，就业岗位已经降到1 200万个以下，而且不太可能回到20世纪70年代的水平。制造业目前在美国所有工作岗位中所占的比例不到9％，这是美国劳工统计局（Bureau of Labor Statistics）自1939年开始统计数据以来的最低值。

军队作为雇主的地位也在下降，无论是从相对角度还是绝对角度看，均是如此。艾森豪威尔发表告别演说时，美国人中有相当大一部分曾在军队服役，其中许多人并非出于自愿。他指出："美国有350万男男女女直接从事国防建设。"越南战争期间，直接军事岗位增多了。国防部说，它今天雇用了大约300万人，是美国最大的雇主。但在这里，分母是不一样的——美国人口如今比1961年多了大约1.25亿。此外，还有一件事也同样重要，那就是征兵制的终止。艾森豪威尔发表告别演说时所处的年代，所有符合条件的美国人从法律上说都可以应征入伍。如今，只有小部分美国人选择参军。美国没有义务兵役制，自20世纪70年代初以来再也没有采用过征兵制。[1980年恢复了18～25岁男子的选征兵役（selective service）〔1〕登记，但近40年来还没有美国公民被征召入伍。]

军费开支的真实成本

因此，自1961年以来，军方通过联邦开支控制美国经济和劳动力的力度至少看起来已经有所下降，但这并不意味着军工复合体已经不复存在，也没有解决我们庞大的军事预算是否得到合理分配乃至是否必要这个更宽泛的问题。普罗克斯迈尔对军工复合体的批评依然大有市场，众多监督机构以及某些国会议员——尤其是亚利桑那州参议员约翰·麦凯恩（John McCain）——一直都在孜

---

〔1〕 选征兵役制，自1940年起实施。同年9月16日，由罗斯福总统签署《选征兵役制法案》（Selective Training and Service Act），要求除现役军人、驻外外交人员外，所有年龄在21～35岁的美国男性公民，必须到所在地区征兵委员会进行登记，填写"分类调查表"。然后对其进行分类编号，需要时用抽签的办法选征其中一部分人员入伍。选征兵役制于1973年被废除，1980年作为一种应急机制再度恢复。——译者注

孜不倦地向大家证实军费开支的浪费与管理不善方面的情况。数十年来的批评毫无疑问地表明,正如西摩·梅尔曼长期以来所坚称的那样,五角大楼在签订合同的过程中对武器成本的估算过高。这里有一个经典的例子。国会下设的审计总署于1979年对主要武器系统进行过一次审核,结果是,自1969年以来,没有发现一例国防部没有高估成本的情况。20世纪90年代,批评军工复合体的人士开始把关注点放在"附加项目资金"上;也就是说,尽管五角大楼并没有提出要求,但国会还是划拨了资金,用于购买某些武器系统和建设某些军事项目。这其中最臭名昭著的例子也许是洛克希德—马丁公司生产的C-130运输机。几十年来,即使行政部门没有任何人提出要求,国会也照样批准购买新型C-130运输机。在20年的时间里,只有5架这样的飞机在空军服役,但国会支付了256架飞机的钱。[1]

由于在五角大楼没有提出要求的情况下竟然会发生数十亿美元的军费开支,因此可以推测没有真正的军事需要,因而分析人士一直在不断地为挥霍性军费开支的连绵不绝寻找其他诱因。典型的解释是,国会议员这么做,是为了他们选民的潜在利益,例如,C-130是在佐治亚州生产的,而佐治亚州则是20世纪末像纽特·金里奇(Newt Gingrich)和萨姆·纳恩(Sam Nunn)这样极有权势的立法者的家乡;而且军费开支即使浪费,也是有价值的,因为它创造了就业机会,并让履行军事合同的地区得以富裕起来。然而,这些浅显易懂的老生常谈具有极大的局限性。巴里·伦德奎斯特(Barry Rundquist)和托马斯·卡西(Thomas Carsey)在对1963—1995年间的军事采购进行的一项权威研究中,得出结论认为,军事合同确实会对一个州的收入产生明显影响。但他们并未发现,此类支出创造的就业机会足以影响一个州的整体就业率。富州履行军事合同的能力更强,因而更容易获得这些合同;而失业率高、能力又较低的穷州,则不太可能中标。他们发现,军费支出让富州变得更富——这证实了布鲁斯·鲁塞特(Bruce Russet)于1970年提出的论点——并加剧了各州之间的不平等。这反过来又会

---

[1] Walter Pincus, "Cargo Plane with Strings Attached", *Washington Post*, July 23, 1998. 在接下来的几年时间里,五角大楼的确开始要求建造更多的C-130运输机。

第八章 "艾森豪威尔的棺材板压不住了"

导致支出重新分配时在各州之间进一步拉开差距,最终妨碍国家的经济增长。[1]

这些研究结果形成了 20 世纪 90 年代流行开来的对军工复合体的一连串批判性分析——对因军费开支造成的或加剧的经济失衡的考察。安·马库森(Ann Markusen)和她的同事根据事实材料,用纪实的手法向公众描述了获得最大份额军事合同的"枪带"(gun-belt)各州。整个朝鲜战争期间,许多军工生产发生在工业中心地带各州——伊利诺伊州、密歇根州、俄亥俄州和宾夕法尼亚州,但到了 20 世纪 80 年代,加利福尼亚州到目前为止一直都是国防部合同的最大承接方,此外,得克萨斯州、佛罗里达州和弗吉尼亚州也在其中扮演了重要角色。[2](令人费解的是,艾森豪威尔当初的 1930 年工业动员计划便认识到了军事合同在地理上集中的不利之处。)马库森和她的同事们认为,地理上的这种变化趋势,因诸如战略防御计划(Strategic Defense Initiative)[3]这样以软件为重的军事新动向而进一步加速。这种趋势现在已经被锁定,不管谁控制国会或其下属各委员会都无法扭转。

人们可能有这么一种沮丧的感觉,即无论有多少学术研究业已证明军费开支效率低下,都无法改变比之前更加无所顾忌的政治实践,甚至无法改变国会中的辩论。关于美国经济向民用化转型的挑战和机遇的研究,到目前为止发表的成果以万页计。托德·桑德勒(Todd Sandler)和基思·哈特利(Keith Hartley)对 20 多项关于国防开支和经济增长的研究做了一次全面考察,他们得出的结论是,"国防开支对经济增长的净影响是负的,但这种影响很小"[4]。不过,对于军工复合体在创造就业方面的效率究竟如何,这方面的研究尽管已经有了几十年,

---

[1] 参见 Barry S. Rundquist and Thomas M. Carsey, *Congress and Defense Spending: The Distributive Politics of Military Procurement* (Norman: University of Oklahoma Press, 2002),尤见第五章和第九章;以及 Bruce Russett, *What Price Vigilance?* (New Haven: Yale University Press, 1970)。

[2] Ann Markusen et al., *The Rise of the Gunbelt: The Military Remapping of Industrial America* (New York: Oxford University Press, 1991), pp. 12 ff. 说来也怪,马库森对军工复合体的分析是为数极少的淡化军工复合体内国会作用的分析之一。她认为,国会充其量是"现行军事经济组织的保护者和强化者,而不是一支起因力"。

[3] 战略防御计划又可译为战略防御倡议,也即众所周知的星球大战计划(Star Wars Program)。——译者注

[4] Todd Sandler and Keith Hartley, *The Economics of Defense* (New York: Cambridge University Press, 1995), p. 220.

但至今依然没有达成多少共识。尽管2009年经济衰退后就业形势更加紧迫,正反双方仍旧像20世纪70年代那样你来我往。五角大楼及其在国会中的支持者坚称,军费开支创造了至关重要的就业机会;反对人士则以深入细致的研究作为回应,他们的研究表明,联邦政府在清洁能源、医疗保健或教育方面投入同样的资金,会创造出更多的、报酬更高的工作机会。[1]以下在很大程度上是一个经济学常识:如果设计出来的最终产品不是用于爆炸而是用来做其他事,人们为生产这种产品付出的劳动肯定对社会更有益处。而且几十年来,至少是自艾森豪威尔1953年发表《和平的机会》演讲以来,人们已经普遍认识到,军费开支总是会带来机会成本,使民用经济无法按其他路径发展。

为军费开支辩护的人士,必须直面如下这个综合性的论点。军费开支——不管其必要性如何——带来了次级收益乃至第三级收益,如经济刺激、技术岗位、工业方面的副产品、工人/研究人员的培训。这一点谁都不会质疑。但要证明军费开支是创造这些社会产品的最佳方式或者最有效的方式,几乎全无可能。军费开支的附带利益,其问题同样也在这里。弗农·鲁坦(Vernon Ruttan)在2006年对用军事预算开发和支撑的技术进行一番回顾后认为,军费开支不是培育技术的有效途径,并得出结论说:"许多与军事和国防相关的技术不是一般的贵。"[2]很多政策分析人士在经过劳神费力的研究后得出结论认为,军费开支在美国只是一种可以被社会接受的产业政策形式而已[3],而且产业政策的所有缺点(效率低下、重复劳动、政治偏袒、政府倾向于挑选亏损产业)它一个不落,产业政策好的方面(责任制和明确的经济目标)它一个没有。

过去25年来这场辩论之所以进展甚微,其中一个原因是,缺乏一个明确的替代方案来取代军工复合体。问题不在于理论,理论有的是。但是,在向民用经济转型方面,最具梦幻的莫过于期望变化中的地缘政治会带来军费开支的大幅削减——这种期望总是一再落空。批评军工复合体的人也许应该放弃这种幻想

---

[1] "The U. S. Employment Effects of Military and Domestic Spending Priorities: An Updated Analysis", Robert Pollin and Heidi Garrett-Peltier, Political Economy Research Institute (University of Massachusetts), October 2009.

[2] Vernon W. Ruttan, *Is War Necessary for Economic Growth*? (New York: Oxford University Press, 2006), p. 162.

[3] 例如参见 Nance Goldstein, "Defense Spending as Industrial Policy: The Impact of Military R&D on U. S. Software Industry", in Gregory A. Bischak, ed., *Towards a Peace Economy in the United States* (New York: St. Martin's Press, 1991).

了。除非发生一些极不可能发生的事,比如对美国潜在的威胁大幅减少、美国全球超级大国的角色遭到美国人自己的全盘否定,或者长期的经济危机让美国负担不起军费开支,否则我们很难看到美国还有什么足够的动机来消除它的军工复合体,更别说用更高级的东西来取代它了。美国在可预见的未来,会继续每年花费数千亿美元用于其各种军事目的。

曝光军事采购丑闻——比如20世纪80年代出现的价格高达1 868美元的马桶盖以及类似其他稀奇古怪的开支——经常会为有限的改革带来短暂的动力。国家处于相对和平的状态时,或者军事行动变得旷日持久后,对这类丑闻的曝光往往会突然增多。随着丑闻而来的,就是许多立法方面的补救措施,如提高竞标要求、对国防部离职人员和承包商之间的旋转门进一步加以限制等。但至少自20世纪30年代以来,丑闻一直是政治领域和军事领域反复出现的现象,一旦又有一场大规模冲突逼近,改革的动力就会迅速消退。

因此,在许多批评者看来,军工复合体的规模和罪恶都在扩大,而不是缩小。正如近几十年来我们一再看到的那样,政府要采取哪怕是关闭几个军事基地这样看似简单的行动都极为困难。军工复合体的其中一个致命特征是,它几乎不受民主改革的任何影响。这方面任何系统性的变革均只有如下两种方式可供选择:要么军工复合体内部的行为者自行决定改变他们的方式;要么从外部强加改革,当然,前提是美国社会中存在"外在于"军工复合体的强大力量。

前一种情况似乎极不可能发生。负责军费开支的人没有足够的动力去改变他们的采购方式(毕竟,我们的采购方式与其他拥有庞大核武库的民主国家的采购方式没有太大的区别)。但这并不是说军方看不到改革的潜在好处。军工复合体效率低下是五角大楼官员和政策制定者沮丧异常的源头之一。例如,武器系统的成本不断膨胀,意味着即使预算增加了,这笔钱可以买到的武器也越来越少。武器的延迟交付让军事计划的制订变得更加复杂,而劣质军用品在战场内外自然都会造成士兵的生命损失,就像内战期间出现的情况一样。很多军事承包商也欢迎采购工作进一步简化,而且如果能够减少在游说上的花费,他们显然可以获得更高的利润。

更何况,我们不能因为军工复合体的规模和势力基本没有变化,而看不到军事领域中某些方面实打实的缩减情况。由于同苏联领导人及他们的后共产主义时代[1]继任者们通过谈判缔结了一系列条约,如今美国核武库里的核武器总数已经低于冷战高峰时期。美国已经削减了其全球军事机器中一些略显多余的部分,如从朝鲜半岛撤走核武器以及减少战后在德国的大规模驻军等。在奥巴马政府执政的第一年,国防部长罗伯特·盖茨(Robert Gates)就调整武器开支的优先次序发表了一些强硬的讲话,并且政府竟然能够做到停止对F-22战斗机的资助,这一点令许多资深的预算观察人士大呼意外。

"世界和平与人类福祉"

然而,今天军工复合体所造成的各种问题,仅靠更合理的预算是解决不了的。正如我们所看到的那样,人们知道的军工复合体的释义范围比我们花多少钱买多少枪的问题要广泛得多。如同艾森豪威尔在告别演说中所言:"美国的领导地位和威信不仅取决于我们无与伦比的物质进步、财富和军事力量,还取决于我们如何为世界和平与人类福祉使用我们的力量。"

伊拉克战争凸显了各种军事问责问题,而且像以往战争中出现的情况一样,军队可以恣意行事而不受惩处这种感知,让人们产生了一种感觉,那就是军工复合体在其中施加了不正当的影响。美国军队和军事承包商在伊拉克的行径——从行政当局批准的酷刑,到强奸和杀害平民——令人深感不安。尽管在许多情况下,涉案人员已被定罪,但暴虐事件的频频发生表明,我们的战争行为和军事文化中存在系统性的缺陷。这类暴虐行为在战时很常见,而且美国军队的表现远比大多数其他国家的军队要好。但如今私营承包商的数量之多前所未有,它们在军事和外交政策领域的影响力日益增大,以至于有些人将其贴上了"政府第四部门"的标签,这就进一步加剧了人们的担忧。[2]

兵营国家的公民自由问题是又一个令人不安的地方。2000年,政治科学家

---

[1] 原文如此。——译者注
[2] 最近有些书籍在探讨当今军队的组织体系这个涉及面更广的问题时,讨论了在伊拉克频频发生的暴虐行为,其中包括 Jim Frederick, *Black Hearts: One Platoon's Descent into Madness in Iraq's Triangle of Death* (New York: Random House, 2010),以及 Jeremy Scahill, *Blackwater: The Rise of the World's Most Powerful Mercenary Army* (New York: Nation Books, 2009)。艾利森·斯坦格对私营承包商对外交政策的影响问题进行了仔细周到的研究,Allison Stanger, *One Nation under Contract: The Outsourcing of American Power and the Future of Foreign Policy* (New Haven: Yale University Press, 2009)。

第八章
"艾森豪威尔的棺材板压不住了"

阿伦·弗里德伯格(Aaron Friedberg)——后来加入布什政府——出版了一本颇有影响的著作,名为《军国污名》(In the Shadow of the Garrison State)。在这本自述"充满必胜信念"的书中,作者坚持认为,美国在冷战期间的军费开支水平不仅是合理的,而且是符合道义的。弗里德伯格有这么一个假设,即历史上对国家权力的不信任和冷战时期有意"软弱"的国家结构,让美国军事力量得以充分积累,"而[我们国家]则并未同时把自己变成一个兵营国家"。[1]在接下来的10年中,要捍卫这一假设已经越来越难。事实上,有一种兵营国家模式如今已经浮现,在这种模式下,军事权力被用于践踏公民的自由。在战争时期(不论是公开宣战的战争还是没有公开宣战的战争),行政部门往往拥有相当大的拘押个人的自由空间,从第二次世界大战期间的宵禁和对亚裔美国人的拘押,到"9·11事件"后在关塔那摩湾建立大型拘留营,皆是如此。经过一段时间之后,人们开始对拘押提出疑问,并认为其在关键方面已经违宪,《2006年军事审判委员会法令》(2006 Military Commissions Act)的部分内容就是如此。将无辜平民长年关押在关塔那摩(用根本站不住脚的甚至是捏造的证据,给他们贴上"敌方战斗人员"标签,而且长期以来,正当程序连走个过场都不愿意),以及政府准许使用的酷刑屡屡上演,同艾森豪威尔坚持美国的力量应该用于"世界和平与人类福祉"的主张完全背道而驰。[2]布什政府授权对美国公民进行广泛的监控,同样令人不安,这其中甚至包括2010年3月联邦法院裁定为非法的、未经许可的窃听。艾森豪威尔不会预料到,让美国作为自由保护者的声誉受损的,竟是来自穆斯林极端分子的威胁,而非[子虚乌有的]共产主义威胁;但他肯定认识到了,军方和行政部门一致模仿兵营国家的策略将会带来什么样的后果。

军工复合体还有一些更令人忧虑不安的罪状,那就是,武器制造商为了自身利益,去影响甚至设定美国外交政策的优先事项。这些罪状如果属实,肯定算是"不正当的影响"。特别是近几十年来,批评人士已经把军工复合体的指涉范围扩大到了美军之外,将美国公司在海外销售的武器也纳入了视野。对外军售的话题,可以说更接近20世纪30年代的"死亡贩子论",而不是艾森豪威尔的告别

---

[1] Aaron L. Friedberg, *In the Shadow of the Garrison State*: *America's Anti-Statism and Its Cold War Grand Strategy* (Princeton: Princeton University Press, 2000), p. 340.

[2] 这里有一份特别令人痛心的围绕关塔那摩监狱妄用正义的描述:Murat Kurnaz, *Five Years of My Life*: *An Innocent Man in Guantanamo* (New York: Palgrave Macmillan, 2008).

演说，因为在他的总统任期内，私营部门的武器出口量并不是特别大。尽管如此，这个问题仍然是"军工复合体"一词的合理延伸，理由有二：首先，最大的海外销售公司，如波音、通用动力、格鲁曼—诺斯罗普(Grumman-Northrop)、洛克希德—马丁以及雷神等，也都是与五角大楼签订合同的公司；其次，一般来说，任何大批量的武器出口都需要得到美国政府的批准，而要获得这一批准，制造商需要通过他们向五角大楼出售武器时使用的类似渠道，来对美国政府施加影响。

此外，美国武器出口的爆炸性增长是通过政府政策的精心调整实现的。1968年，国会通过了《对外军事销售法》(Foreign Military Sales Act)，将海外武器转让从对外援助领域移至商业领域。1971年，尼克松政府首次在五角大楼设立了一个名为国防安全援助署(Defense Security Assistance Agency)的部门，旨在核准和帮助推动海外军火销售。美国海外军火销售由此迅速增长，从该机构成立之前的每年不到20亿美元增加到1973年的50亿美元，到1975年已高达150亿美元。军事承包商获得这笔令其笑逐颜开的意外之财，在时间点上正好与五角大楼因美国开始逐步撤出越南而放缓军事采购相吻合。[1]

在随后的几十年里，美国已经成为全世界最大的军火商。政策分析师威廉·哈通(William Hartung)记录了美国海外军火销售巨幅上升的详细情况，并记载了美国外交政策与军火制造商的海外应办事项叠合交叉并受到后者高度影响这方面令人不安的具体细节。这在侵蚀人权、给腐败政权撑腰以及毫无必要地加剧全球冲突方面，都造成了巨大的恶劣影响，所有这些方面都明显损害了美国在海外的形象和利益。这个问题不属于谁在执掌白宫的问题，它超出了这个通常的界限。尽管2008年和2009年全球经济衰退，但美国在世界武器市场上的主导地位仍在延续。根据国会研究服务部(Congressional Research Service)[2]的数据，2009年，美国海外军售不仅总额大幅提升，高达378亿美元，其在全世界所有军火交易中所占的份额也增至三分之二以上。[3]

---

[1] 尼克松政府转向与官方无关的武器销售(private arms sales)的数据和分析摘自John Tirman, *Spoils of War: The Human Cost of America's Arms Trade* (New York: The Free Press, 1997)，第三章。

[2] 美国国会图书馆下设信息提供与分析服务机构，致力于为国会及国会议员提供立法研究与分析。——译者注

[3] William Hartung, *And Weapons for All* (New York: Harper Collins, 1994). Thom Shanker, "Despite Slump, U. S. Role as Top Arms Supplier Grows", *New York Times*, September 7, 2009.

第八章
"艾森豪威尔的棺材板压不住了"

当今这些问题共同构成了一个只手遮天的军工复合体,其影响至少相当于艾森豪威尔警告的那种。只是沿着庞大的军费预算做点修修剪剪的文章,不太可能对这些问题产生多大影响。现在需要的,是来自艾森豪威尔所称的"警觉而有见识的全体公民"施加政治压力,大概就是2008年以来公众一直将义愤对准华尔街的高额奖金等类似问题的那种形式。比这更关键的,是有这些政治和社会领袖们英勇无畏的领导:这样的他们,有能力识别我们体制中存在的各种危险裂缝,就像艾森豪威尔在半个世纪前所做的那样。

附录　艾森豪威尔告别演说

（1961年1月17日发表；抄本录自演说音频文件）

晚上好，我的美国同胞们：

首先，我要向各大广播电视网表示感谢，感谢它们多年来一直给我提供机会，让我所做的各项报告和发布的各种信息得以同全国人民见面。我要特别感谢它们今晚给我这个机会，让我可以向你们讲话。我已经为我们国家效力了半个世纪，三天后，我将在一个传统而庄严的仪式上，卸下我的总统职责，将总统的权力移交给我的继任者。我的同胞们，今晚我来这里，是想给你们带来总统交接的信息，向你们告别，并与你们分享我离任前的最后一些想法。同其他每一位……同其他每一位公民一样[1]，我祝愿新总统和所有与他共事的伙伴一帆风顺。我祈祷未来的岁月，年年和平，岁岁繁荣。

我们的人民期望他们的总统和国会在重大问题上达成基本一致。明智地解决这些问题将会打造国家更好的未来。我个人同国会的关系始于很久以前，当时这种关系还很疏远，也很微弱，是参议院一位议员安排我前往西点军校。战争期间和战后不久，我与国会之间的关系变得非常紧密，最终在过去的八年里，我们双方之间已经是相互依存，谁也无法离开谁了。在这最后一段关系中，国会和

---

[1] 此篇附录内省略号后面的字词或短语是对艾森豪威尔现场演说时的重复或改口的忠实记录。——译者注

政府在最重要的问题上都进行了良好的合作,大家一心为国效劳,而不是囿于党派之私,因而大家也都一直保证,国家的事业应该滚滚向前。因此,在我与国会之间的官方关系结束之际,就我而言,我抱的是一种感激之情,感恩过去相处的岁月,让我们能够一起做这么多事情。

我们现在离本世纪的中点已经过去了10年,这个世纪见证了大国之间四次大规模战争。我们国家卷入了其中的三次。尽管经历了这些战争浩劫,但美国仍是当今世界上最强大、最具影响力、生产力最发达的国家。我们自然为这种卓越感到骄傲,但我们也意识到,美国的领导地位和威信不仅取决于我们无与伦比的物质进步、财富和军事力量,还取决于我们如何为世界和平和人类福祉运用我们的力量。

纵观美国在自由政府体制上的探索历程,我们的基本宗旨始终是维护世界和平,促进人类进步,促进各国人民和各个国家的自由、尊严和正派作风。对一个自由的、有着虔诚的宗教信仰的民族来说,去追求低于这些的目标,不符合她的身份。任何由于傲慢自大或缺乏领悟能力或不愿意做出牺牲而致的失败,都会在国内外给我们造成严重伤害。

当前席卷全球的冲突,一直拦在我们通向这些崇高目标的前进道路上。它左右了我们的全部注意力,让我们不得不全力以赴。我们面对着这么一种敌对的意识形态,它遍及全球、不敬神灵、目的残忍、手段阴险。很不幸,它造成的威胁可能永无绝期。要想成功应对这一挑战,我们所需要的,与其说是危急关头热血沸腾、一鼓作气式的牺牲,不如说是使我们能够一步一步踏实前行,在一场关系到自由大业的长期复杂的斗争中毫无怨言地肩负起重担的那些东西。只有这样,我们才能不管遇到什么挑衅,都可以沿着既定道路,朝着持久和平与人类福祉的方向前进。

今后还会有危机继续存在。在应对这些国内国外、或大或小的危机时,总会有这么一种诱惑反复出现,大家总是觉得,只要采取某种恢宏壮阔、不惜代价的行动,就可以奇迹般地解决我们当前的所有问题。大幅增加我们国防体系中的新式武器,制订不切实际的计划来解决农业中存在的所有问题,大力发展我们的基础研究和应用研究,所有这些以及其他诸多可供选择的做法——每一种就自身来说也许都大有前途,人们都可能会建议将它作为通往我们要走的那条道路的唯一途径。

但是，我们的考虑范围必须更广一些，每项建议都必须据此加以权衡。我们需要保持各项国家计划自身内部以及它们相互之间的平衡，保持私有经济和公有经济之间的平衡，保持成本和期望获得的利益之间的平衡，保持明显属于必要的东西和从舒适、安逸的角度考虑令人向往的东西之间的平衡，保持我们作为一个国家的基本要求和国家给个人规定的义务之间的平衡，保持当下的行为活动和国民未来的福利之间的平衡。正确的判断会走向平衡和进步，缺乏正确的判断最终会导致失衡和挫折。几十年来的记录证明，我们的人民和他们的政府，总的来说都能深刻理解这些真理，并在面临威胁和压力的时候，很好地处理这些平衡。

但是，对这些平衡构成的威胁一直在不断地出现或者上升，这些威胁要么属于全新的性质，要么在严重程度上达到了新的地步。我在这里只讲其中两个。

我们的军事机构是维护和平的一个关键要素。我们必须拥有强大的武装，必须做到可以随时采取行动，只有这样，任何潜在的侵略者才不会冒着毁灭自己的危险，向我们发起攻击。我们今天的军事组织，同任何一位处在和平年代的时任总统甚至是参加第二次世界大战和朝鲜战争的军人所知的军事组织，都大相径庭。

直到我们最近一次卷入世界冲突之前，美国都没有军事工业。随着时间的推移，只要有需要，美国的犁铧制造商也能铸刀锻剑。但如今，我们再也不能拿国防冒险、临阵磨枪了。我们迫于形势建立了规模庞大的永久性军事工业。除此之外，美国有350万人直接从事国防建设。我们每年花在军事安全上的费用超过了美国所有大公司……大公司加在一起的净收入。

现在这种庞大的军事机构与庞大的军火工业的结合，是美国史无前例的全新经历。每座城市、每座州议会大厦、每间联邦政府办公室都能感受到它的全部影响——经济的、政治的乃至精神上的。我们承认这种新变化、新动向绝对必要，但我们必须搞清楚它可能带来的严重影响。我们的辛苦劳累、我们的财力物力、我们的生计全部牵涉其中，我们社会的组织结构也是如此。

在政府各部门，我们都必须警惕军事—工业复合体获得不正当的影响力，不论这种影响力是来自它有意的追求，抑或只是其无意中所得。不正当的权力恶性增长的可能性已经并将一直存在，绝不能让这种结合起来的势力危及我们的自由和民主进程。我们不要认为什么事都是理所当然。只有警觉而学识渊博的公民才能推动我们庞大的工业和军事防御机器同我们和平的手段及目的相吻合，从而让安全和自由做到相得益彰。同我们工业—军事的情形发生巨大变化相似，并在很大程度上推动发生这些巨变的，是近几十年来的技术革命。在这场革命中，研究已经处于中心位置，它也变得更加正规、复杂和烧钱。由联邦政府开展的或在联邦政府指导下开展的、为联邦政府进行的研究，其所占份额在稳步增加。

今天，一个人孤零零地在自己作坊里小打小敲的发明家，在实验室和试验场的科研团队面前，已经黯然失色。历史上作为自由思想和科学发现之源的自由大学，在研究方面也经历了一场同样的革命。部分由于科学研究需要投入巨额的费用，获得政府合同事实上已经取代了对知识的好奇。以前我们用的是一块旧黑板，如今则是数百台新的电子计算机。联邦政府通过雇用工作、分配项目和资金力量来左右全国学者的危险无时无刻不在，我们必须严肃对待。但是，我们在尊重科学研究和科学发现——我们也应该尊重科学研究和科学发现——的同时，必须警惕公共政策本身可能成为科技精英的俘虏这一同等的反向危险。

政治家的任务是，在我们民主制度的原则范围内，指导、平衡和整合以上这些以及其他新旧力量，始终朝着我们自由社会的最高目标前进。

维持平衡的另一个要素涉及怎样处理好当前利益与长远利益之间的关系问题。凝视社会的未来，我们——你和我，还有我们的政府——必须避免今朝有酒今朝醉的冲动，必须避免为了我们自己的舒适和方便而去掠夺明天的宝贵资源。我们不可能做到既透支子孙后代的物质财富，又不致亏蚀他们日后将要继承的政治和精神遗产。我们要让民主世代相传，不要让其成为令未来资不抵债的吸血幽灵。

展望有待书写的漫漫历史长路，美国深知，我们这个正在变得越来越小的世界，绝不应变成充满恐惧和仇恨的可怕社会；相反，它应成为一个内部相互信任、相互尊重的光荣联合体。这样一个联合体必须是平等的。我们必须让哪怕是最弱小的国家，也可以带着同我们一样的自信坐在会议桌前，同我们一样受到我们道德、经济和军事力量的保护。那张会议桌尽管被快速的挫折……以往的挫折弄得伤痕累累，但裁军的……战场上的惨剧，让我们绝不能丢掉它。

本着相互尊重和信任进行裁军，是一项势在必行的持续任务。我们必须共同学习如何使用智慧、使用得体的行动而不是武力来化解分歧。由于这种紧迫的需要是如此强烈和明显,我承认,我在卸下这个领域的官方职责时确实感到很失望、很沮丧。我目睹了战争的恐怖和挥之不去的伤痛,我深知另一场战争将会彻底摧毁几千年来缓慢而艰难地建立起来的人类文明,因此,我真希望自己今天晚上能够说出这样的话:永久和平指日可待。值得欣喜的是,我可以说,战争算是已经避免了。我们已经朝着最终目标迈出了坚实的步伐。但我们依然任重而道远。我将以普通公民的身份,始终不渝地为推动世界沿着这条道路前进而尽自己的一份绵薄之力。

呃,在我作为你们的总统向你们作这个最后的道别之际,我衷心感谢你们给我那么多机会,让我在战争时期与和平年代为公众服务。我想,你们会发现那项……那项……那项服务有些地方还是有些价值的。至于其他不足的地方,我知道你们将来一定会找到办法做得更好。

我的同胞们,你我都需要坚定我们的信念,坚信所有国家在上帝的庇佑下,都将实现公正的和平。愿我们永远坚定不移地忠于原则,对我们的实力自信而不自傲,全力以赴地去追求国家的宏伟目标。我在这里再次向世界各国人民表达美国恳切、持久的愿望:我们祈愿世界各国人民,不分信仰、不分种族、不分国界,都能让他们伟大的人性需求得到满足;祈愿今天被剥夺了机会的人们,都可享有充分的机会;祈愿所有向往自由的人们,都可以感受到它带来的精神上的福分;祈愿那些拥有自由的人,也会明白它肩负的重大责任;祈愿所有对他人需求漠不关心的人们,都将学会仁爱;祈愿导致贫穷、疾病和无知的根源……祸根将从地球上铲除;[1]祈愿各国人民及早共同生活在由相互尊重和关爱结合在一起的力量来提供保障的太平世界。

周五中午,我将成为一位普通公民。我为此感到骄傲,我期待这一天的到来。

谢谢,祝大家晚安!

---

〔1〕 此处原文为"that the sources-scourges of poverty, disease and ignorance will be made [to] disappear from the earth"。艾森豪威尔在演讲时漏掉了单词"to"。——译者注